कौटिल्य अर्थशास्त्र

उत्कृष्ट प्रशासन-विधि एवं शासन प्रणाली

प्रो. श्रीकान्त प्रसून

वी एण्ड एस पब्लिशर्स

प्रकाशक

वी एण्ड एस पब्लिशर्स

F-2/16, अंसारी रोड, दरियागंज, नई दिल्ली-110002

☎ 23240026, 23240027 • *फैक्स:* 011-23240028

E-mail: info@vspublishers.com • *Website:* www.vspublishers.com

शाखा : हैदराबाद

5-1-707/1, ब्रिज भवन (सेन्ट्रल बैंक ऑफ इण्डिया लेन के पास)

बैंक स्ट्रीट, कोटी, हैदराबाद-500 095

☎ 040-24737290

E-mail: vspublishershyd@gmail.com

शाखा : मुम्बई

जयवंत इंडस्ट्रिअल इस्टेट, 2nd फ्लोर - 222,

तारदेव रोड अपोजिट सोबो सेन्ट्रल मॉल, मुम्बई - 400 034

☎ 022-23510736

E-mail: vspublishersmum@gmail.com

फ़ॉलो करें:

हमारी सभी पुस्तकें **www.vspublishers.com** पर उपलब्ध हैं

मुद्रक: **रेप्रो नॉलेजकास्ट लिमीटेड, ठाणे**

प्रकाशकीय

हमें अपने पाठकों की सेवा में यह अनमोल कृति **'कौटिल्य अर्थशास्त्र'** भेंट करते हुए अपार हर्ष एवं गर्व का अनुभव हो रहा है। यह पुस्तक ज्ञान एवं शिक्षा का भण्डार है। इसे पढ़कर पाठक अपने दैनिक जीवन की दिशा को बदल सकते हैं। इस पुस्तक में यथासाध्य आधुनिक व्यवस्था के अनुरूप शब्दों एवं विचारों को प्रस्तुत किया गया है। इसे पढ़कर पाठक आसानी से चाणक्य के पथ–निर्देशित विचारों एवं भावों को हृदयंगम कर सकेंगे।

प्रस्तुत पुस्तक महापण्डित चाणक्य द्वारा विरचित विश्वविख्यात ग्रन्थ कौटिल्य अर्थशास्त्र है। इस ग्रन्थ में वर्णित राज्य सिद्धान्तों के साथ–साथ राज्य प्रबन्ध सम्बन्धी सूक्ष्म तत्त्वों को पिरोया गया है। इस ग्रन्थ की सबसे बड़ी विशेषता यह है कि इसमें सिद्धान्त और व्यवहार, आदर्श और यथार्थ तथा ज्ञान और क्रिया का सुन्दर समन्वय है।

इस पुस्तक में जीवन को सुखी एवं सम्पन्न बनाने के उनके विचार हैं, उनके बताये गये मार्ग हैं। शासक बनना, सत्ता स्थापित करना, उसे सुदृढ़ बनाना, उसकी समुचित व्यवस्था करना और धन की उत्तरोत्तर वृद्धि करना इन सभी विषयों पर गहन चर्चा की गई है।

पुस्तक की भाषा सरल और सुगम है ताकि प्रत्येक जन साधारण इसे पढ़कर लाभान्वित हो सके। आप जितनी अभिरुचि एवं मनोयोग से इसका अध्ययन करेंगे, उतना ही आपके ज्ञान में वृद्धि होगी।

—प्रकाशक

विषय-सूची

व्यवस्था चिन्तन, कौटिल्य अर्थशास्त्र

व्यवस्था-चिन्तन, कौटिल्य अर्थशास्त्र

पहला अधिकरण : विनयाधिकारिक
दूसरा अधिकरण : अध्यक्ष प्रचार
तीसरा अधिकरण : धर्मस्थीय
चौथा अधिकरण : कण्टक-शोधन
पाँचवाँ अधिकरण : योग-वृत्त
छठा अधिकरण : मण्डल-योनि
सातवाँ अधिकरण : षाड्गुण्य
आठवाँ अधिकरण : व्यसनाधिकारिक
नौवाँ अधिकरण : अभियास्यत्कर्म
दसवाँ अधिकरण : सांगग्रामिक
ग्यारहवाँ अधिकरण : संघवृत्त
बारहवाँ अधिकरण : आबलीयस
तेरहवाँ अधिकरण : दुर्ग-लम्भोपाय
चौदहवाँ अधिकरण : औपनिषदिक
पन्द्रहवाँ अधिकरण : तन्त्रयुक्ति

1

पहला अधिकरण : विनयाधिकारिक

नमः शुक्र-बृहस्पतिभ्याम्। देवों के गुरु बृहस्पति और दानवों के गुरु शुक्राचार्य को प्रणाम करते हुए आचार्य चाणक्य ने अर्थशास्त्र की पुस्तक लिखना आरम्भ किया है कि किस प्रकार धरती में और धरती पर उपलब्ध सम्पदा पर अधिकार किया जाये; किस प्रकार उसमें अनवरत वृद्धि होती रहे; किस प्रकार उसे सुव्यस्थित और सुरक्षित रखा जाये ताकि शासन स्थापित हो; ताकि सुख मिले; ताकि शान्ति रहे; ताकि समृद्धि हो; ताकि अनन्त काल तक सन्तति आनन्द से रहे; ताकि सम्मान और प्रतिष्ठा बनी रहे और अन्त में मोक्ष की प्राप्ति हो।

इसके लिए सर्वाधिक आवश्यकता ज्ञान की है। अज्ञानी कुछ नहीं कर सकता। शक्तिशाली अहंकार में ही मिट जाता है। केवल ज्ञानी है, जो सन्तुलित ढंग से सोच सकता है; विचार स्थिर कर सकता है, और वह सब पाने का सफल प्रयत्न कर सकता है जो वह पाना चाहता है। इसलिए इस प्राप्ति के लिए जो भी और जितना जानना आवश्यक है, वह सब चाणक्य ने लिखित रूप में सामने रख दिया है।

विद्या पर विचार

आन्वीक्षकी, त्रयी, वार्ता और दण्डनीति ये चार शासन, प्रशासन और सम्पति अर्जन की आवश्यक विद्याएँ हैं, जो लोक का उपकार करती हैं; सुख–दुःख से बुद्धि को स्थिर रखती हैं; और सोचने, विचारने, बोलने तथा कार्य करने में सक्षम बनाती हैं। विशेषकर आन्वीक्षकी विद्या सभी विद्याओं का प्रदीप है; सभी कार्यों का साधन और सब धर्मों का आश्रय है।

सांख्य, योग और नास्तिक दर्शन आन्वीक्षकी के अन्दर आ जाते हैं।

त्रयी में धर्म–अधर्म का; वार्ता में अर्थ–अनर्थ का और दण्डनीति में सुशासन–दुःशासन सम्मिलित है।

धर्म और कर्म

ऋक, साम, यजु, अथर्व, इतिहास, शिक्षा, कल्प, व्याकरण, निरुक्त, छन्द, ज्योतिष, आयुर्वेद, धनुर्वेद, अर्थशास्त्र, धर्मशास्त्र, स्मृति, पुराण, उपनिषद, आरण्यक आदि का सम्यक् ज्ञान प्राप्त करना चाहिए। ये सभी के लिए हैं और लोक के लिए उपकारी हैं,

क्योंकि इनमें सम्पूर्ण ज्ञान समाहित है।

जो अध्ययन–अध्यापन; यज्ञ–याजन; दान देना; दान लेना और मन्त्रणा देने का कार्य करता है, वह 'ब्राह्मण' कहलाता है।

जो अध्ययन करता है; यज्ञ करता है; दान देता है; शक्ति–बल से जीविकोपार्जन करता है, वह 'क्षत्रिय' कहलाता है।

जो अध्ययन करता है; यज्ञ करता है; दान देता है; कृषि कार्य; पशुपालन और व्यापार करता है; वह 'वैश्य' कहलाता है।

जो परिष्कृत नहीं हो पाता; सेवक का कार्य करता है; पशु–पालन तथा व्यापार करता है; शिल्प; कारीगरी; गायन; वादन; चारण; भाट आदि का कार्य करता है; वह 'शूद्र' कहलाता है।

सभी अपने कर्म और धर्म का सही ढंग से निर्वाह करें; जीविकोपार्जन करें; सगोत्र तथा असगोत्र समाज में विवाह करें; ऋतुगामी हो; देव; पितर; अतिथि और अपने कर्मचारियों को देकर जो बचे उससे अपना निर्वाह करे।

ब्रह्मचारी का धर्म है कि वह नियमित स्वाध्याय करे; अग्निहोत्र के माध्यम से वातावरण को प्रदूषण मुक्त रखे, ज्ञान अर्जित करे और ज्ञान वितरित करे।

वानप्रस्थी का कार्य है कि वह कन्द–मूल पर निर्वाह करे; धन एकत्रित न करे; ज्ञान अर्जित करे और समाज की सेवा करे।

संन्यासी को जितेन्द्रिय होना है; सांसारिक कार्य नहीं करना है; लोभ, मोह से दूर रहना है; मन, वचन, कर्म से पवित्र रहना है।

प्रत्येक वर्ण और प्रत्येक आश्रम का धर्म है कि वह हिंसा न करे; सत्य बोले; पवित्र बना रहे; दयावान और क्षमाशील बने। जो प्राप्ति हो, उसी में निर्वाह करे। तभी सब सुखी और स्वस्थ रहेंगे।

इन्द्रिय–जय
सफलता के लिए नियन्त्रण आवश्यक है। अपने पर नियन्त्रण हो जाता है, तब अपनों पर नियन्त्रण होता है और तब दूसरों पर होता है। इस नियन्त्रण को ही इन्द्रिय–जय कहते हैं यानी शब्द, स्पर्श, रूप, रस और गन्ध से आकर्षित हो उसमें प्रवृत्त न होना। सन्तुलन बनाकर जीना और काम, क्रोध, लोभ, मोह, मद और ईर्ष्या जैसे छः शत्रुओं को दूर भगाना कि वे सब व्यक्ति पर शासन न करें; व्यक्ति उनके अधीन न हो।

वार्ता यानी कर्म और दण्ड यानी प्रशासन
कर्म के अधीन कृषि, पशुपालन और व्यापार आता है। इसी में धरती से प्राप्त होनेवाले खनिज आदि सम्मिलित हैं। यही परम उपकारिणी है, क्योंकि सबका अस्तित्व इन्हीं पर टिका है।

समुचित कार्य हो और सही तरीके से कार्य हो, इसी के लिए प्रशासन और दण्ड

की आवश्यकता है। अगर दण्ड विधान न हो, प्रशासन सही नहीं हो, तब सब अपने धर्म और कर्म से अलग हो सकते हैं।

गलत कार्य करने वाले को गलती के अनुरूप ही दण्ड दिया जाना चाहिए। कठोर दण्ड निष्ठुरता जताता है, जब कि शासन दया और सहृदयता पर टिकता है।

शासक–प्रशासक के कार्य

काम–क्रोध आदि छः शत्रुओं का परित्याग करके इन्द्रियों पर विजय प्राप्त करे। सन्तुलन ऐसा रहे कि वे शत्रु न रहे; अनुचर बनें। काम रहे मगर वह धर्म और अर्थ को क्षति न पहुँचाए।

विद्वान्ों की संगति में रहकर बुद्धि का विकास करे।

गुप्तचरों द्वारा स्वराष्ट्र और परराष्ट्र की घटनाएँ जाने।

उद्यम के द्वारा राज्य का स्वस्थ संचालन करे।

राजकीय नियमों द्वारा कर्मचारियों और सम्बन्धित लोगों पर नियन्त्रण रखे।

शिक्षा के प्रचार–प्रसार से सबको शिक्षित करे, योग्य और विनम्र बनावे।

जहाँ तक सम्भव हो, लोगों को धन और सम्मान देकर अपनी लोकप्रियता बनाये रखे।

दूसरों का हित करने के लिए उत्सुक रहे।

पराई स्त्री; पराया धन और हिंसा को सर्वथा त्याग दे।

कुसमय शयन न करे; चंचलता न दिखाये; झूठ न बोले; अनर्थकारी व्यवहार न करे।

सन्तुलन बनाये रखे। असन्तुलन डूबो देता है।

श्रेष्ठ लोगों और मातहतों की मर्यादा निर्धारित करे, जिसका पालन हो।

एक पहिये कि भाँति अकेला कोई लघु या वृहद् संगठन नहीं चल सकता। सहयोग चाहिए। सहयोग पाने के लिए सहयोग करना पड़ता है।

नियुक्तियाँ

शासक, प्रशासक, निदेशक, अध्यक्ष को चाहिए कि महत्त्वपूर्ण पदों पर अपने घनिष्ट मित्रों को रखे, या उन्हें रखे जिनकी परीक्षा कर चुका हो; जो पहले से ही विश्वयनीय रहे हों; साथ ही उन कार्यों को सम्पादित करने की उनमें योग्यता हो। ऐसी नियुक्तियों में उस व्यक्ति की वंश–परम्परा, योग्यता, अनुभव, बुद्धि, साहस, गुण, दोष, पात्रता और विश्वसनीयता को महत्त्व दिया जाना चाहिए, व्यक्तिगत सम्बन्ध को नहीं। अचानक या अपरिचित को या अयोग्य को ऐसे पदों पर नियुक्त न करे।

नियुक्तियों में निम्नलिखित गुणवालों को प्राथमिकता देनी चाहिए :

स्वदेश में उत्पन्न	कुलीन	गुण
अवगुण–विहीन	ललितकला का ज्ञाता	विद्वान्
अर्थशास्त्र का ज्ञाता	बुद्धिमान्	स्मरण शक्तिवाला
चतुर	वाक्पटु	प्रभावपूर्ण वाणी
प्रतिकार में समर्थ	प्रभावशाली	सहिष्णु
स्थिर	देखने में सौम्य	द्वेषरहित

इनमें आधी से अधिक योग्यतावाले की ही नियुक्ति होनी चाहिए। आधे से कम वाले की नहीं। इसकी जाँच प्रत्यक्ष, परोक्ष और अनुमान तीनों विधियों से होनी चाहिए। गुप्त उपायों से भी पता किया जाना चाहिए। ऐसी किसी भी परीक्षा में प्रशासक स्वयं या अपने परिवार के व्यक्ति को न लगाये।

नियुक्तियों में अपने लोगों, सत्यवादी और चरित्रवान के द्वारा लिखित निम्न चीजों का पता करना चाहिए :

निवास–स्थान	आर्थिक स्थिति	योग्यता
शास्त्र–ज्ञान	बुद्धि	स्मृति
चतुराई	वाक्पटुता	प्रतिभा
बोलने की कला	उत्साह	सहिष्णुता
व्यवहार की पवित्रता	दृढ़ता	स्वामिभक्ति
शील	बल	स्वास्थ्य
गौरव	स्थिरता	मित्रता

गुप्तचरों की नियुक्ति

केवल शीर्ष की संस्थाओं के द्वारा ही नहीं, बल्कि सबको अपनी आवश्यकता और सामर्थ्य के अनुसार गुप्तचर की नियुक्ति करनी चाहिए। इस प्रकरण में और आगे के कई अध्यायों में गुप्तचर की नियुक्ति, उनके कार्य और तरीके का वर्णन है। गुप्तचर अनेक प्रकार के होते हैं :

*निम्नलिखित को **संस्था** गुप्तचर कहा जाता है, क्योंकि ये एक ही स्थान पर रहकर कार्य करते हैं।*

1. **कापटिक :** दूसरों के रहस्य जानने वाला; उत्कृष्ट वक्ता, विद्यार्थी की वेष–भूषा में रहने वाला गुप्तचर 'कापटिक' कहलाता है।
2. **उदास्थित :** बुद्धिमान्, सदाचारी, संन्यासी के वेष में रहने वाले विश्वसनीय गुप्तचर का नाम 'उदास्थित' है।
3. **गृहपतिक :** बुद्धिमान, पवित्र हृदय और गरीब किसान के वेष में रहने वाले गुप्तचर को 'गृहपतिक' कहते हैं।
4. **वैदेहिक :** बुद्धिमान, पवित्र हृदय और गरीब व्यापारी के वेष में रहने वाले गुप्तचर को 'वैदेहिक' कहते हैं।
5. **तापस :** जीविका के लिए सिर मुड़ाये या जटा धारण किये हुए गुप्तचर

को 'तापस' कहते हैं।

*निम्नलिखित को **भ्रमणशील** गुप्तचर कहा जाता है, क्योंकि ये बहुत जगह घूमकर कार्य करते हैं। इनके कार्य में बाहरी सम्पति की देख-रेख भी है।*

6. **सत्री :** जो प्रशासक के सम्बन्धी न हों, किन्तु जिनका भरण–पोषण प्रशासक के लिए आवश्यक हो; जो सामुद्रिक विद्या; ज्योतिष शास्त्र आदि में निपुण हो; जो वशीकरण; शकुनशास्त्र, पक्षीशास्त्र, कामशास्त्र जानते हों और नाचने–गाने में भी दक्ष हों, ऐसे गुप्तचर को 'सत्री' कहते हैं।
7. **तीक्ष्ण :** अपने देश में रहने वाले ऐसे साहसी गुप्तचर, जो जीवन की परवाह न करके किसी से भी भिड़ जाते हैं, 'तीक्ष्ण' कहलाते हैं।
8. **रसद :** अपने भाई–बन्धुओं से भी स्नेह नहीं करने वाले, क्रूर प्रकृति और आलसी स्वभाव वाले गुप्तचर 'रसद' यानी विष देने वाले कहलाते हैं।

*निम्नलिखित को **संचार** गुप्तचर कहते हैं। ये अन्य गुप्तचरों पर भी दृष्टि रखते हैं और उन्हें सूचनाएँ भी देते रहते हैं।*

9. **परिव्राजिका :** आजीविका की इच्छुक, दरिद्र, प्रौढ़, विधवा ब्राह्मणी, घरों में प्रवेश करनेवाली और सम्मानित संन्यासिनी के वेष में रहने वाली गुप्तचरी परिव्राजिका कहलाती है।
10. **मुण्डा :** बाल मुड़ाकर भिक्षुणी बनी गुप्तचरी।
11. **वृशली :** शूद्रा गुप्तचरी।
12. **सूद :** रसोइया।
13. **आरालिक :** माँस पकाने वाला।
14. **स्नापक :** नहलाने वाला।
15. **संवाहक :** हाथ–पैर दबाने वाला।
16. **आस्तरक :** बिस्तर बिछाने वाले।
17. **कल्पक :** नाई।
18. **प्रसाधक :** श्रृंगार करने वाला।
19. **उदक-परिचारक :** जल भरने वाला।
20. **सिद्धवेशधारी गुप्तचर :** इनके द्वारा प्रजा की, अपने लोगों की रक्षा करनी चाहिए।

नीति–निर्देशकों की मन्त्रणा

आज भी शासन–व्यवस्था चलाने के लिए मन्त्री और अधिकारी तो हैं, ही किन्तु व्यवसायों को चलाने के लिए भी कई–कई नीति–निर्धारक होते हैं, जो प्रबन्ध निदेशक कहलाते हैं और उनकी भी मन्त्रणा–सभा होती है। इस सम्बन्ध में चाणक्य से बहुत कुछ सीखा जाना चाहिए। वर्तमान परिस्थिति और परिवेश में जो अति–महत्त्वपूर्ण बातें हैं, उनका उल्लेख आवश्यक है।

आज ऐसी मन्त्रणा की और चाणक्य के निर्देशों के पालन की सर्वाधिक आवश्यकता

है, क्योंकि इस काल–खण्ड में जैसी प्रतिद्वन्द्विता देशों के बीच; गुटों के बीच; व्यावसायिक संगठनों के बीच या फिर छोटे व्यापारियों और स्थानीय निकायों और यहाँ तक की अपराधियों के बीच में है, वैसी स्पर्धा किसी अन्य काल में सुनने, पढ़ने को नहीं मिलती। इसका एक कारण तो यह भी है कि एक ही घराने के बीच बँटवारों के बाद कितने घराने बने हैं और सब एक–से व्यवसाय में या क्षेत्र में सिद्धि, प्रसिद्धि और साम्राज्य चाहते हैं।

जब भी ऐसी मन्त्रणा–सभा हो, तब गम्भीर विचार–विमर्श होना चाहिए। ऐसी मन्त्रणा की आवश्यकता 'वितरण' को भी लेकर होनी चाहिए। आजकल उत्पादन जितना ही आसान हो गया है, उसका वितरण उतना ही कठिन हो गया है। जो आँकड़े दिखाये जाते हैं, वे सही नहीं हैं, क्योंकि कारखानों से या व्यवसायी के गोदामों से निकला सामान कहीं थोक–विक्रेता के गोदाम में पड़ा है। वह उपभोक्ता तक नहीं पहुँचा है। हर दुकान और गोदाम सामानों से अँटा पड़ा है। जो गाँवों की तरफ ताकता नहीं था, वह ग्रामीण बाजार में अपना उत्पाद बेचने के लिए लालायित और मजबूर है। जो शहरों के उपभोक्ता हैं, वे पहले से ही आवश्यकता और उपयोग से ज्यादा खरीद चुके हैं। उन्हें ही सम्भालना उनके लिए कठिन पड़ रहा है। कपड़े या कार या अन्य उपकरण रखने के लिए जगह नहीं बचा है।

फलतः एक खरीदें और तीन ले जायें या 75 प्रतिशत छूट या 50 प्रतिशत के बाद 50 प्रतिशत का बोर्ड लगाये बिक्रेता ग्राहक खोज रहे हैं। इसलिए क्या हो रहा है? क्या होना चाहिए? इस पर भी मन्त्रणा होनी चाहिए।

जब भी ऐसी मन्त्रणा हो तब किसी अन्य के प्रवेश पर प्रतिबन्ध हो। बिना अध्यक्ष की अनुमति के मन्त्रणा–कक्ष में कोई न आवे। मन्त्रणा–कक्ष को ऐसा होना चाहिए कि कोई ध्वनि बाहर न निकले। मन्त्रणा की किसी भी बात की जानकारी किसी को भी नहीं होनी चाहिए।

जिस स्थान पर बैठ कर मन्त्रणा हो, वह इस तरह से बंद हो कि पंछी भी पर न मार सके, कोई झाँक न सके और कोई शब्द बाहर न जा सके। अध्यक्ष की आज्ञा के बिना कोई मन्त्रणा–स्थल पर न जाये। चाणक्य को कुटिल और उसके अर्थशास्त्र को कौटिल्य अर्थशास्त्र इसलिए कहा जाता है कि उसकी घोषणा है कि कोई भी गुप्त–मन्त्रणा को खोल देता है, उसका 'उच्छेद' कर दिया जाना चाहिए तथा अन्य स्थानों पर भी इसी तरह के दण्ड या प्रतिकार को घोषित रूप से प्रकट किया है।

मन्त्रणा के पाँच अंग

मन्त्रणा के निम्नलिखित पाँच अंग हैं :

1. कार्यारम्भ करने के उपाय
2. कर्मचारी तथा द्रव्य और अन्य सम्पति
3. देश–काल का विभाग
4. विघ्न–प्रतिकार
5. कार्य–सिद्धि

गुप्त–मन्त्रणा के निश्चित हो जाने के बाद ही किसी को कार्य पर नियुक्त करना चाहिए।

प्रशासक के कार्य–व्यापार

प्रशासक की दक्षता और सफलता पर सारे कर्मचारियों और सम्बन्धित लोगों को लाभ है, इसलिए प्रशासक और विशेषकर प्रबन्ध निदेशक मण्डल के अध्यक्ष को आराम नहीं मिल सकता। वैसे उच्च पदस्थ सभी को चाहिए कि वे अपने दिन के समय को चार भागों में करें। आज तो व्यक्तिगत सहायक होते हैं, जैसे पहले राजाओं के होते थे और समय सूचक अनेक उपकरण आस–पास होते हैं तथा अन्दर बिजली की रोशनी में कार्य किया जाता है, अतएव अनुमानित समय की बात नहीं रह गयी है। सभाओं का और मिलने वालों का समय आदि पहले से निश्चित रहता है।

चाणक्य के अनुसार प्रशासक सोलह घण्टे कार्य करे। अपने दिन को वह दो–दो घण्टों के आठ हिस्से में विभक्त करे और आठों का निम्नलिखित प्रकार से उपयोग करे :

1. प्रथम भाग में चल रहे कार्यों का निरीक्षण करे और विगत दिवस के सभी आय–व्यय की जाँच करे।
2. दूसरे भाग में वह कार्यालय के अन्दर के और बाहर के कर्मचारियों के कार्यों का निरीक्षण करे।
3. तीसरे भाग में स्नान, भोजन, स्वाध्याय करे।
4. चौथे भाग में आमदनी सम्भाले, खर्च का आदेश निर्गत करे और नियक्ति, प्रति–नियुक्ति आदि करे।
5. पाँचवे भाग में पत्र भेजे और विचार विनिमय करे। गुप्तचरों से मुलाकात।
6. छठे भाग में वह स्वेच्छया विचार करे।
7. सातवें भाग में गोदाम, उत्पादन आदि का निरीक्षण करे।
8. आठवें भाग में अपने मुख्य लोगों से विचार करे और निर्देश दे।

एक निर्देश यह भी है कि कार्यालय में आने वाले और जाने वाले सभी वस्तु और कागजों पर मुहर लग जानी चाहिए ***निर्गच्छेद्-अधिगच्छेद्वा मुद्रा-संक्रान्त-भूमिकम्***। इसका पालन अधिकांश बड़े व्यवसायी घरानों और सरकारी कार्यालयों में होता है।

आत्मरक्षा के सम्बन्ध में भी विस्तृत चर्चा है; सुरक्षा के उपाय सुझाये गये है और साथ ही साथ सुरक्षित निवास आदि बनाने की भी विस्तृत चर्चा है।

2

दूसरा अधिकरण : अध्यक्ष प्रचार

कार्यालय और शाखाएँ

नवनिर्माण, विस्तार, विकास और सुविधाजनक प्रशासन के लिए चाणक्य ने जनपदों में निवेश करने का; स्थान–स्थान पर कार्यालय और शाखाएँ खोलने का सुझाव दिया है। प्रत्येक कार्यालय और शाखा की सीमा विभिन्न रूपों में निर्धारित होनी चाहिए। स्थानीय प्रबन्धन और कई स्थानों के प्रबन्धन के लिए क्षेत्रीय; अनुमण्डल और केन्द्रीय प्रबन्धन के लिए अलग–अलग स्थान सुनिश्चित करें और प्रबन्धक की नियुक्ति भी। इन्हें चाणक्य ने ***संग्रहण; कार्वटिक; द्रोणमुख*** और ***स्थानीय*** का नाम दिया है।

नूतन दुर्ग आदि निर्माण की बात है, उस तरह का निर्माण नहीं हो रहा है। कोषागार का सुरक्षित निर्माण नहीं हो पा रहा है। आजकल ए. टी. एम. जो हर शहर के हर मार्ग पर खुल रहे हैं, उनमें जो लूट हो रहे हैं, वे सब स्पष्ट कर देते हैं कि सुरक्षाकर्मियों के बावजूद ये सब असुरक्षित हैं। बाजार, मन्दिर और भीड़वाले अन्य स्थान सबसे ज्यादा असुरक्षित और संवेदनशील घोषित किये गये हैं। इतनी असुरक्षा में क्या बचेगा? तब जबकि सबसे ज्यादा असुरक्षित है माँ की पेट में पलता शिशु। उसके बाद बच्चे हैं, जिन्हें असुरक्षित कार्यों में भी लगाया जा रहा है। विद्यालय के बसों की दुर्घनाओं में भी मर रहे हैं; नकली दवाइयाँ भी मार रही है; महीनो पहले के बने खाने के सामान भी वही कर रहे हैं। न वर्तमान सुरक्षित है, न भविष्य। सारा देश तो भ्रष्टाचार में उलझा है, सुरक्षा की ओर ध्यान कौन दे?

आज विकास के नाम पर हो रहे अन्धाधुन्ध निर्माण और खेती, जो इस देश की रीढ़ और पहचान है और जिसकी उपज पर सम्पूर्ण मानवसमाज और अधिकांश मानवेतर पलते हैं या प्रकारान्तर से सभी जीवों का जो जीवन है, उसे ताबड़तोड़ नष्ट किया जा रहा है। कोई ठहर कर सोचने के लिए थोड़ा भी तैयार नहीं है कि नये बन रहे मकान और चौड़े पक्के सड़क लगातार कृषि योग्य भूमि को निगलते जा रहे हैं। गाँवों में ऐसे निर्माण होने ही नहीं चाहिए। इससे किसान का मन कृषिकार्य में नहीं लगता। कहने को कहा बहुत कुछ जा रहा है, किन्तु बैल, हल, कृषि के स्थानीय उपकरण के समाप्त होने और कृषि मजदूरों के लगातार पलायन से कृषि नष्ट हो रही है। कृषक पेट्रोल, डीजल, रासायनिक खाद और बाहरी बीज पर इतना निर्भर हो गया

है कि उसे हर उपज में घाटा लग रहा है। इन सड़कों और मकानों के रख–रखाव पर भी अत्यधिक खर्च है और स्वतन्त्रता के आरम्भिक वर्षो में जो विद्यालय और कचहरी आदि बने, वे सब नष्ट हो गये तथा, यह भी विचारणीय है कि न नोट या चेक खाये जा सकते हैं और न ईंट या सीमेण्ट। विचार कर देखें, कही भी अनियन्त्रित निर्माण विकास की दिशा नहीं, विनाश की दिशा हुआ करता है।

चाणक्य ने स्पष्ट कहा है कि दण्ड, बेगार, कर, चोर, जन्तु, विष–प्रयोग, व्याधि तथा अन्य कष्टों से किसान और उनके पशुओं की रक्षा करे :

दण्ड-विशिष्ट कर आवाधैः रक्षेद् उपहतां कृषिम्।
स्तेन व्याल विषग्राहैः व्याधिभिः च पशुव्रजान्।

चाणक्य ने स्पष्ट कहा है कि शासन के प्रिय लोगों से; संगठन के कर्मचारियों से, अन्तपाल यानी आन्तरिक सुरक्षा कर्मियों से किसानों और व्यापार के मार्गों की सुरक्षा करनी है।

वल्लभैः कार्मिकैः स्तेनैः अन्तपालैः च पीडितम्।
शोधयेत् पशु संघैः च क्षीयमाणं वणिक्पथम्।

किन्तु किसी से भी कोई भी सुरक्षित नहीं है। सुरक्षा के सारे प्रबन्ध बेकार प्रमाणित हो रहे हैं और जो घोटाले तथा आपराधिक मामले सामने आ रहे हैं, उनसे स्पष्ट है कि राजकर्मी, शासन के प्रिय पात्र और सुरक्षाधिकारी तथा कर–अधिकारी आदि सभी जिसे जहाँ अवसर मिल रहा है; जिसे पा रहा है, उसे लूट रहा है; सरकार को भी और सरकारी कर्मियों को भी।

चाणक्य ने स्पष्ट कहा है कि जंगलों की, जंगली जानवरों की, सेतुबन्धों और खानों की रक्षा सरकार करे किन्तु आज उलटा हो रहा है। सरकारी आदेश पर ही ये सब लूटे जा रहे हैं और जब वहाँ कुछ भी लाभकर नहीं बचता, तब उसको बन्द करने का आदेश निर्गत होता है। सेतुबन्ध नये बनाये जाने चाहिए, बन भी रहे हैं, किन्तु रक्षा के लिए नहीं, लूट को एक जगह से दूसरी जगह ले जाने के लिए और ऊँची कीमत पर बेचने के लिए। इस कार्य में रेल तो लगा ही है; लाखों ट्रैक्टर और लाखों ट्रक लगे हैं। यह किसे नहीं दिख रहा है किन्तु इस विनाश को होने दिया जा रहा है। सरकारी सूत्रों के अनुसार ही विगत पाँच वर्षों में वर्ष 2006 से 2011 तक में भारत में 350 किलोमीटर जंगल घटे हैं। जानवरों के मामले में सशक्त देश की हालत यह है कि न जंगली जानवर बचे हैं, न कृषि के पशु, न पक्षी, हालाँकि इन सबकी रक्षा के लिए अलग–अलग विभाग हैं। रक्षक जब भक्षक हो जाये तब अराजकता आ जाती है। आज पूरे देश में वही चल रहा है। सभी भयभीत हैं और कोई भी, कुछ भी सुरक्षित नहीं है। जबकि सुरक्षा को ही प्रथम प्राथमिकता दी जानी चाहिए :

एवं द्रव्य द्वीप वनं सेतुबन्धं यथाकरान्।
रक्षेत् पूर्व कृतान् राजा नवाः च अभिप्रवर्तयेत्।

कोश–व्यवस्था

सर्वोच्च पदाधिकारी के दायित्व

यह सर्वोच्च पदाधिकारी के दायित्वों में आता है कि वह करणीय; सिद्ध; शेष; आय; व्यय तथा नीवी के कार्यों का निरीक्षण करे और उचित रीति से सम्पन्न कराये। इनके कार्यों का भी निम्नलिखित उपविभाजन है :

1. **करणीय :** करणीय छः प्रकार का होता है : संस्थान; प्रचार; शरीर अवस्थान; आदान; सर्व–समुदय पिण्ड; संजात।
2. **सिद्ध :** सिद्ध भी छः प्रकार का होता है : कोश अर्पित; राजहर; पुर–व्यय; पर–संवत्सर–अनुवृत्त; शासनमुक्त; मुखाज्ञप्त।
3. **भोश :** शेष के भी छः उपभेद हैं : सिद्ध–प्रकर्म–योग; दण्डशेष; बलात्कृत प्रति–स्तब्ध; अवसृष्ट; असार; अल्पसार।
4. **आय :** तीन प्रकार के हैं : वर्तमान; पर्युषित; अन्यजात।
5. **व्यय :** चार प्रकार का है : नित्य; नित्य–उत्पादिक; लाभ; लाभ–उत्पादिक।
6. **नीवी :** सभी प्रकार के आय–व्यय का हिसाब करने के बाद बचे धन को 'नीवी' कहते हैं। नीवी दो प्रकार के हैं : प्राप्त और अनुवृत।

कर्मचारियों द्वारा घोटाले की पुनः प्राप्ति

आदमी कभी नहीं रहते अपने नियन्त्रण में। कभी उसका लोभ उसे बहा ले जाता है; कभी अहंकार डुबोता है; कभी काम सड़ा देता है; कभी आकांक्षाएँ धराशायी कर देती हैं। इसलिए दुष्ट और चोर पहले भी थे, अब भी हैं। घोटाले पहले भी होते थे और आज भी हो रहे हैं। फर्क इतना है कि गबन किये हुए धन को पहले वापस वसूल लिया जाता था, आज वापस नहीं मिलता। लोग जेल जाना पसन्द करते हैं और उसी में सब निपट जाता है।

इससे बचने के लिए सबको वर्ष में एक बार आषाढ़ महीने के अन्त में सारा हिसाब देना होता था। यह समय इसलिए लिया गया था कि उस समय काम न्यून रहता था। अभी जो यह कार्य मार्च में किया जाता है, जो इसलिए गलत है कि वह काम का समय होता है। जाड़े के बाद सभी तरोताजा रहते हैं। जबकि बरसात में आज भी अधिकांश काम बन्द रहते हैं। यातायात यहाँ तक कि रेल–परिचालन भी बाधित रहता है।

तब नियम यह था कि जब तक सबका हिसाब मिल न जाये, तब तक आने वालों को एक–दूसरे से मिलने न दिया जाये। इसमें देर करने वालों पर भी दण्ड था। घोटालावालों को तो था ही।

घोटाले के स्वरूप

चाणक्य ने कोष क्षय के आठ कारण गिनाये हैं : *प्रतिबन्ध; प्रयोग; व्यवहार; अवस्तार; परिहायण; उपभोग; परिवर्तन; अपहार।*

1. **प्रतिबन्ध :** वसूली करना; वसूली करके अपने अधिकार में न रखना; अधिकार में लेकर भी कोषागार में जमा न करना; ये तीन प्रकार के प्रतिबन्ध हैं। ऐसे लोगों को कम होने वाली राशि से दसगुना दण्ड करना चाहिए।
2. **प्रयोग :** कोष के धन का लेन–देन करके स्वयं ही वृद्धि करना 'प्रयोग' कहलाता है। ऐसे अधिकारी को दुगुना दण्ड किया जाना चाहिए।
3. **व्यवहार :** कोष से धन लेकर स्वयं ही व्यापार करना, 'व्यवहार' कहलाता है। ऐसे अधिकारी को उपयोग में लायी गयी राशि का दुगुना दण्ड दिया जाना चाहिए।
4. **अवस्तार :** समय पर वसूली न करके अन–अधिकृत राशि कमाने के उद्देश्य भय दिखाकर अधिक राशि की वसूली 'अवस्तार' कहलाती है। ऐसे अधिकारी को राशि के पाँचगुना दण्ड देना चाहिए।
5. **परिहायण :** कुप्रबन्धन के कारण आय कम हो जाये और व्यय बढ़ जाये तब इसे 'परिहायण' कहते हैं। अध्यक्ष को क्षय के चौगुना दण्ड दिया जाये।
6. **उपभोग :** प्राप्त राशि का स्वयं उपभोग करना; दूसरों को भोग कराना; 'उपभोग' क्षय है। रत्नों का उपभोग करने पर प्राणदण्ड दिया जाये; सार द्रव्यों के उपभोग पर मध्यम 'साहस' दण्ड और सधारण वस्तुओं के उपभोग पर वस्तु वापस लेकर लागत भी लिया जाये।
7. **परिवर्तन :** राजकोष के द्रव्य को दूसरे द्रव्यों से बदल देना 'परिवर्तन' कहलाता है। उपभोग क्षय के समान ही इसमें भी दण्ड विधान है।
8. **अपहार :** प्राप्त राशि को बही में न लिखना; व्यय बही में लिखकर भी खर्च न करना; शेष राशि या नीवी से मुकर जाना; ये तीन 'अपहार' हैं। अध्यक्ष को हानि से बारह गुना दण्ड दिया जाना चाहिए।

चालीस तरह के घोटाले

1. पहली वसूली को दूसरी वसूली के समय बही में लिखना।
2. दूसरी वसूली का कुछ हिस्सा पहली के साथ चढ़ा देना।
3. घूस लेकर धन माफ कर देना।
4. करमुक्त स्थानों से कर वसूलना।
5. वसूली करके बही पर नहीं चढ़ाना।
6. वसूली नहीं होने पर भी बही में चढ़ा देना।
7. कम रकम को पूरा चढ़ा देना।
8. पूरी प्राप्ति को कम चढ़ा देना।
9. प्राप्त द्रव्य की जगह बही में दूसरा लिख देना।
10. एक से प्राप्त रकम को दूसरे के नाम पर लिख देना।

11. देने योग्य वस्तु न देना।
12. नहीं देने योग्य वस्तु दे देना।
13. समय पर भी वस्तु को न देना।
14. घूस लेकर असमय ही दे देना।
15. बहुत देकर थोड़ा लिख देना।
16. ज्यादा देकर थोड़ा लिख देना।
17. अभीष्ट वस्तु की जगह दूसरा दे देना।
18. जिसको देना है, उसके बदले दूसरे को दे देना।
19. वसूली कोषागार में जमा न करना।
20. वसूली के बिना ही बही में चढ़ा देना।
21. क्रय करके पूरा मूल्य न देना।
22. कम कीमत को ज्यादा लिख देना।
23. ज्यादा में क्रय पर कम लिख देना।
24. सामूहिक वसूली को अलग–अलग सबसे वसूलना।
25. अलग–अलग वसूली को सामूहिक वसूलना।
26. बहुमूल्य वस्तु को अल्पमूल्य वस्तु से बदल देना।
27. अल्पमूल्य वस्तु को बहुमूल्य वस्तु से बदलना।
28. घूस लेकर बाजार में कीमत बढ़ाना।
29. घूस लेकर कीमत घटा देना।
30. कम दिन के वेतन को ज्यादा दिन का बनाकर लिख देना।
31. ज्यादा दिन के वेतन को कम दिन का चढ़ा देना।
32. मलमास रहित वर्ष को मलमास बता देना।
33. महीने के दिन को घटा–बढ़ाकर लिख देना।
34. कर्मचारियों की संख्या बढ़ाकर लिखना।
35. एक तरह की आमदनी को दूसरी तरह का लिख देना।
36. दान के धन में से कुछ रख लेना।
37. कुटिल उपाय से धन लेना।
38. सामूहिक वसूली में कम या ज्यादा धन लेना।
39. वर्ण विषमता दिखाकर धन का अपहरण करना।
40. बड़े बोरों की जगह छोटे बोरे रख देना।

दण्ड एवं पुरस्कार

1. सूचना देने पर और प्रमाणित हो जाने पर वसूली गयी राशि का छठा भाग सूचना देने वाले को दिया जाये।
2. अपराध सिद्ध न होने पर सूचना देने वाले को दण्ड दिया जाये।

3. सूचना देने वाला अगर अपराधी का पक्ष ले लेता है और सच्ची बात नहीं बताता, तब प्राणदण्ड दिया जाये।

4. धन का अपहरण करने वाले और अपहरण कराने वाले को प्रथम साहस दण्ड दिया जाये।

6. नकली सिक्के आदि देने वालों को प्रथम साहस दण्ड दिया जाये।

7. नकली या सड़ा अन्न लेने वाले से दुगुना धन लिया जाये।

8. पहली बार गलती करने वाले को एक पण; दो पण या चार पण दण्ड दिया जाये। दुबारा करने पर प्रथम साहस दण्ड, मध्यम साहस दण्ड और उत्तम साहस दण्ड दिया जाये। इस पर भी न माने, तब प्राणदण्ड दिया जाये।

9. कोषागार में चोरी करने वाले को प्राणदण्ड दिया जाये। उसके सहायकों को भी आधा दण्ड दिया जाये।

10. अपने कार्य में कोई कोताही करे, तब उसे उसके वेतन से दुगुना दण्ड दिया जाये।

11. जो कर्मचारी निर्दिष्ट कार्य को पूरा करके स्वेच्छा से कुछ और भी उपयोगी कार्य कर देता है, उसे पुरस्कृत किया जाना चाहिए।

12. कोई कमचारी अगर जनता को पीड़ित कर धन वसूलता है और कोषागार में जमा कर देता है, तब उसे उतना ही दण्ड दिया जाना चाहिए कि आगे से उत्पीड़न न करे। अगर कोषागार में जमा नहीं करता, तब उसे तिगुना दण्ड दिया जाना चाहिए।

13. जो अधिकारी व्यय की राशि से बचा लेता है, वह किसी का हक मारता है। उसे यथोचित दण्ड मिलना चाहिए।

14. अगर राजकीय या जनता की आय की कोई चोरी करता है, तब उसकी सारी सम्पति ले ली जानी चाहिए।

15. सच्चरित्र अध्यक्षों को यदा–कदा पुरस्कृत करते रहना चाहिए।

16. धातुओं की चोरी करने वाले को आठ गुना दण्ड दिया जाना चाहिए और रत्नों की चोरी करने वाले को प्राणदण्ड दिया जाना चाहिए।

17. रात्रि में किसी गलत कार्य के प्रयास में कोई पकड़ा जाये तब मध्यम साहस दण्ड दिया जाये।

18. हथियार लिये पकड़े जाने पर हथियार और पूर्व चरित्र के आधार पर दण्ड दिया जाये।

19. जो सुरक्षाकर्मी रोके जानेवाले को न रोके, उसे ढ़ाई पण का दण्ड दिया जाना चाहिए।

20. कोई अगर दासी या दूसरे की स्त्री से बलात्कार करे, तब उसे प्रथम साहस दण्ड दिया जाना चाहिए।

21. वेश्या से बलात्कार करने पर मध्यम साहस दण्ड दिया जाना चाहिए।

22. दासी या वेश्या अगर किसी की पत्नी बन चुकी है, जब उससे बलात्कार हो तब उत्तम साहस दण्ड दिया जाना चाहिए।
23. किसी कुलीन स्त्री के साथ बलात्कार करने पर प्राणदण्ड की सजा दी जानी चाहिए।
24. जेल में बन्द बूढ़े, बच्चे, बीमार और अनाथ कैदियों को छोड़ देना चाहिए।
25. धोखे में कोई निरपराध जेल में हो, तब उसे धन देकर छोड़ देना चाहिए।
26. धनदण्ड, शारीरिक दण्ड और कार्य दण्ड वैसा ही दिया जाना चाहिए, जो कैदी दे सके या सहन कर सके।
27. एक विशेष कालान्तर पर कैदियों को छोड़ा जाना चाहिए।

ये सारी चीजें आज भी हो रही हैं, किन्तु दण्ड नहीं मिलने से और मुकदमों के अनेक लोगों के मर जाने तक चलने के कारण अपराधियों और अपराधों में गुणात्मक वृद्धि हो रही है। सबसे बड़ी बात है कि जो अपराध करते हुए पकड़ा जाता है, न्यायालय उसके लिए भी प्रमाण माँगता है। सुरक्षाकर्मियों या जन समुदाय पर विश्वास ही नहीं है।

व्यवस्थित लेखन

चाणक्य के काल में ही विधिवत और वैज्ञानिक पद्धति से सुव्यवस्थित लेखन आरम्भ हुआ। उसने उसे 'शासन' नाम दिया और सभी सन्धियों और राजकीय आदेशों को लिखित स्वरूप प्रदान किया। यह घोषणा भी पहली बार ही आयी कि राजा और अध्यक्ष लिखित पर ही विश्वास करते हैं, मौखिक बातों पर नहीं।

आज जिस ''व्यक्तिगत विवरणी'' की हर जगह माँग है, उसका आरम्भ चाणक्य ने ही किया था। तब एक अन्तर था कि कुछ वर्ष पहले तक जो कार्यालय तैयार करता था, वही चाणक्य का है, अब व्यक्ति को स्वयं देना पड़ता है। उसमें जिन चीजों का उल्लेख होना चाहिए उसे चाणक्य ने स्पष्ट ढंग से प्रकट कर दिया था :

जाति कुलं स्थान वयः श्रुतानि कर्मर्द्धि शीलान्यथ देश कालौ।
यौन अनुबन्धं च समीक्ष्य कार्यो लेखं विद् अध्यात् पुरुष अनुरूपं।

पत्रों और आलेखों में तथा सन्धियों में या आपसी निर्णयों में व्यक्ति अथवा व्यक्तियों के नाम आदि के साथ जाति, कुल, स्थान, आयु, योग्यता, कार्य, धन–सम्पति, सदाचार, देश, काल, वैवाहिक सम्बन्ध, श्रेष्ठता, निकृष्टता आदि बातों का उल्लेख भलीभाँति विचार करके किया जाये।

कार्यालय से निकलने वाले पत्रों में, आलेखों में निम्नलिखित छः गुण होने चाहिएः

अर्थक्रमः सम्बन्धः परिपूर्णता माधुर्यं औदार्यं स्पष्टत्वं इति लेखसम्पत्।

1. **अर्थक्रम :** प्रधान अर्थ और अप्रधान अर्थ यथा अनुक्रम में रखना ही 'अर्थक्रम' कहलाता है।

2. **सम्बन्ध :** लेख की समाप्ति तक अगला अर्थ पहले अर्थ का बाधक न बने, वही अर्थ 'सम्बन्ध' कहलाता है।

3. **परिपूर्णता :** अर्थपद और अक्षरों का न्यून, अधिक न होनाः उद्देश्य सहित उदाहरण और दृष्टान्त सहित अर्थ का निरूपण करना और प्रभावहीन शब्दों का प्रयोग न करना ही 'परिपूर्णता' कहलाता है।

4. **माधूर्य :** सरल, सुबोध शब्दों का प्रयोग करना माधुर्य है।

5. **औदार्य :** शिष्ट शब्दों का प्रयोग करना औदार्य है।

6. **स्पष्टता :** सुप्रसिद्ध शब्दों का प्रयोग करना ही स्पष्टता है।

इसके पश्चात् वर्ण और शब्द से लेकर पद और वाक्य तथा आलेख संरचना की विभिन्न बारीकियों को चाणक्य ने बड़े स्पष्ट ढंग से उजागर किया है। उनकी अपनी पुस्तकों में सहजता और स्पष्टता का यह एक प्रमुख कारण है। सम्भवतः यह सब वे तक्षशिला से ही सीखकर और सिखाकर आये थे। उसके बाद उन्होंने पत्र या आलेख के पाँच दोष गिनाये हैं :

1. **अकान्ति :** स्याही पड़े कागज पर लिखना; मलिन कागज पर लिखना; भद्दे अक्षर लिखना; छोटे–बड़े अक्षर लिखना; और फीकी स्याही से लिखना 'अकान्ति' नामक दोष है।

2. **व्याघात :** पहले लेख से बाद वाले लेख का विरोध हो जाना अथवा बाधा हो जाना 'व्याघात' दोष कहलाता है।

3. **पुनरुक्त :** जो बात पहले कही गयी है, उसे ही दुहरा देना पुनरूक्त दोष है।

4. **अपशब्द :** लिंग, वचन, काल और कारक का गलत प्रयोग करना 'अपशब्द' दोष है।

5. **सम्प्लव :** लेख में विराम आदि चिह्नों की ओर और क्रम के अनुसार योजना न करना 'सम्प्लव' दोष है।

जो कौटिल्य ने पुस्तक में लिख दिया है; उस बात को सीधे ही मान लेना पड़ता है कि सभी शास्त्रों का अध्ययन करने के बाद ही कौटिल्य अथवा चाणक्य ने *नरों में श्रेष्ठ लोगों के मालिकों के लिए* इस अर्थशास्त्र की रचना की है।

सर्व शास्त्राणि अनुक्रम्य प्रयोगं उपलभ्य च।
कौटिल्येन नरेन्द्रार्थे शासनस्य विधिः कृतः।

यद्यपि कि अगला अंश व्यापार–व्यवस्था में लगे सभी लोगों के लिए नहीं, किन्तु यह बता देना आवश्यक लगता है कि इसी अधिकरण के कई अध्यायों में जिस वैज्ञानिक ढंग से रत्नों, उनके प्रकार और एक–एक रत्न के विभिन्न प्रकारों की नाम के साथ गुण बताते हुए, परीक्षण का तरीका लिखते हुए जो विशद चर्चा की है, वह

आज के युग में भी दुर्लभ है और रत्न–परीक्षा की पुस्तकों में भी ऐसी विशद चर्चा नहीं मिलती। ऐसे खानों की व्यवस्था का जो वर्णन उन्होंने किया है, आज वैसी व्यवस्था नहीं हो पा रही है। खानों का जमकर दुरुपयोग हो रहा है। चाणक्य का ज्ञान विस्तृत था, गहरा था, प्रमाणयुक्त था और व्यावहारिक था। यह सब देख–पढ़कर उन्हें प्रणाम ही किया जा सकता है, टिप्पणी नहीं।

बिक्रय – व्यवस्था

स्थल और जल में उत्पन्न तथा उपलब्ध; स्थल और जलमार्ग से बिक्री के लिए आयी हुई वस्तुओं का पहले वर्गीकरण किया जाना चाहिए कि

1. किस वस्तु की लोकप्रियता और माँग ज्यादा है?

2. कौन–सी वस्तु अप्रिय और अरुचिकर है?

3. कम चीज को बढ़ाने, बढ़ी हुई को घटाने का प्रचलित नियम और तरीका क्या है?

4. बेची जाने योग्य वस्तु को खरीदने और खरीदी गयी वस्तु को बेचने का समय कौन–सा है, ताकि सालों भर गोदाम भरा न रहे।

5. जो विक्रय वस्तु अधिक उपलब्ध हो गया है, उसमें कौशल से पहले दाम बढ़ा दिया जाये और जब लगे कि यथोचित लाभ हो गया है, तब दाम कम करके बेच दें।

6. अपनी वस्तु, अपने राज्य की वस्तु एक ही नियत जगह पर रखी और बेची जाये।

7. दूसरे देश के उत्पन्न वस्तुओं को अनेक स्थानों पर बेचना चाहिए।

8. स्वदेश और विदेश की उत्पन्न और उत्पादित सामग्रियों को बेचने का प्रबन्ध ऐसा होना चाहिए कि देशवासियों को कोई कष्ट न हो।

9. अगर किसी वस्तु से अधिक लाभ होता हो, मगर देशवासियों को कष्ट पहुँचता हो, तब उसका बिक्रय तत्काल रोक देना चाहिए।

10. जल्दी बिक जाने वाली वस्तु को रोके रखना कि मूल्य बढ़े, सर्वथा अनुचित और दण्डनीय है।

11. जल्दी बिकने वाली वस्तु का ठेका एक से छीनकर दूसरे को देना अनुचित है।

12. अनेक स्थानों पर बिकने वाली वस्तु को सभी व्यापारी एक ही भाव पर बेचें।

13. यदि बेचते–बेचते भाव में कमी हो जाये, तब उस घाटे को व्यापारी ही पूरी करें।

14. गोदाम में सुरक्षित माल का सोलहवाँ भाग कर के रूप में दें। उसे *व्याजी* और *मानव्याजी* कहा जाता है।

15. तौले जाने वाले माल का 20वाँ भाग और गिने जाने वाले माल का 16वाँ भाग 'कर' के रूप में दिया जाना चाहिए।
16. प्रतिदिन सायं काल हिसाब के साथ बटखरे भी जमा हो जाने चाहिए।

निर्यात – व्यापार

17. निर्यात–व्यापार के सम्बन्ध में सबसे पहले समझने की बात यह है कि किन वस्तुओं के मूल्य कम या अधिक हैं।
18. इसके अतिरिक्त बिक्रीकर, सीमान्त अधिकारी का कर, सुरक्षाकर्मियों को मार्गकर; जलमार्ग–कर; भोजनादि का व्यय; भाड़ा आदि निकालकर कितनी बचत होगी।
19. अपने माल पर लाभ न मिलता हो, तब वहाँ के लोकप्रिय, बिकने वाले माल से अपना माल बदल लें।
20. लाभ का चौथा भाग व्यय करके, सुरक्षित स्थलमार्ग से व्यापार करें।
21. सीमारक्षकों, नगरप्रधान, और राष्ट्र के प्रतिष्ठित पुरुषों से सम्बन्ध रखें ताकि व्यापार में बाधा न हो।
22. विदेश में व्यापार करते हुए अगर विपत्ति आ जाये, तब सबसे पहले व्यापारी अपनी और अपने रत्नों की रक्षा करे। अगर रत्नों की रक्षा सम्भव न हो, तब अपनी रक्षा करे।
23. जब तक विदेश में रहे, वहाँ का 'कर' नियमित देते रहे।
24. जलमार्ग से व्यापार करने वाले को 'यान भाटक' यानी नाव और जहाज का किराया; 'पथ्यदन' यानी भोजनादि का व्यय; पण्य तथा प्रतिपण्य यानी अपनी और पराई वस्तु के मूल्य का तारतम्य; यात्रा काल और ऋतु; भय प्रतिकार; सुरक्षा के उपाय; और गंतव्य देश के आचार–विचार–व्यवहारों की जानकारी बारीकी से लेनी चाहिए।
25. जल और स्थलमार्ग में जिसमें लाभ कम हो और सुरक्षा भी कम हो, उसे छोड़ देना चाहिए।

अन्य व्यवस्था के अध्यक्षों के कार्य

चाणक्य ने सभी तरह की व्यवस्था के अध्यक्षों का कर्तव्य निश्चित किया है और उनके कार्यो, दायित्वों, चोरियों और चोरियों को रोकने के तरीके और दण्ड–विधान को विस्तार के साथ दिया है। अगले अनेक अध्यायों में यही चर्चा है। जिन अध्यक्षों के कार्यों का विवरण है, वे निम्नलिखित हैं :

1. पण्य, बाजार का अध्यक्ष
2. कुप्य, लकड़ी का अध्यक्ष

3. आयुधागार, शस्त्र आदि का अध्यक्ष
4. तौल, माप का अध्यक्ष
5. पोताध्यक्ष, बन्दरगाह का अध्यक्ष
6. शुल्क का अध्यक्ष
7. सूत–व्यवसाय का अध्यक्ष
8. कृषि–विभाग का अध्यक्ष
9. आबकारी विभाग का अध्यक्ष
10. वध–स्थान का अध्यक्ष
11. वेश्यालयों का अध्यक्ष
12. नौका का अध्यक्ष
13. पशु–विभाग का अध्यक्ष
14. अश्व–विभाग का अध्यक्ष
15. गजशाला का अध्यक्ष
16. सेना का अध्यक्ष
17. मुद्रा–विभाग का अध्यक्ष
18. चरागाह–विभाग का अध्यक्ष

3

तीसरा अधिकरण : धर्मस्थीय

शर्तनामा

धर्म, व्यवहार, चरित्र और नियम पर ही सारा कार्य–व्यापार टिका हुआ है। धर्म से व्यवहार; व्यवहार से चरित्र और चरित्र से बड़ा नियम माना जाये। धर्म सच्चाई में; व्यवहार साक्षी में, चरित्र समाज में और नियम शासक में स्थित रहता है। जहाँ भी चरित्र, लोकाचार और धर्मशास्त्र का विरोध हो, वहाँ धर्मशास्त्र को ही प्रमाण माना जाये।

शर्तनामा लेखन, व्यवहार और तत्सम्बन्धी विवादों के निर्णय हेतु तीन–तीन धर्मस्थों यानी न्यायाधीशों की नियुक्ति निम्नलिखित स्थानों पर होनी चाहिए :

1. दो राज्यों या गाँवों की सीमा पर यानी जनपद सन्धि पर।
2. दस गाँवों के केन्द्र यानी संग्रहण पर।
3. चार सौ गाँवों के केन्द्र यानी द्रोणमुख पर।
4. आठ सौ गाँवों के केन्द्र यानी स्थानीय पर।

उन शर्तनामों को नियम विरुद्ध या वैध घोषित किये जायें और दण्डित किया जाये :

1. जो छिप कर; घर के अन्दर; रात में; जंगल में; छल–कपट से या एकान्त में किये गये हों।
2. ऐसा नियम विरुद्ध कार्य करने और कराने वाले को प्रथम साहस दण्ड दिया जाये।
3. ऐसे व्यवहार को अगर किसी ने सुन लिया हो, तब नियम विरुद्ध न माना जाये।
4. पर्दे में रहने वाली महिलाओं तथा रोगियों के दाय, अमानत, धरोहर और विवाह सम्बन्धी शर्तनामों को सही माना जाये।
5. जंगल में रहने वालों के जंगल में किये गये व्यवहार को वैध माना जाये।
6. गुप्तरूप से जीविका चलाने वाले का ऐसा व्यवहार वैध समझा जाये।
7. आपसी समझौतों से एकान्त में किये गये व्यवहार वैध माने जायें।

8. क्रोधी, दुःखी, उन्मत्त, पागल आदि के शर्तनामे वैध नहीं माने जाएँ।

इसी अधिकरण में विवाह–सम्बन्ध और उत्तराधिकार के नियमों की भी विस्तृत चर्चा है। गृह–निर्माण कला का वास्तु–शास्त्र और व्यवहार की दृष्टि से वर्णन है। इसमें मकानों की खरीद और बिक्री भी सम्मिलित है। धरोहर, ऋण और व्याज के नियम भी बताये गये हैं तथा श्रम और श्रमिकों के भी विवाद को लिया गया है और मजदूरी के नियम बताये गये हैं। इनके अपराध के अनुरूप दण्ड का भी विधान है।

क्रय–बिक्रय, विवाह, साहस आदि के दण्ड

1. सौदा बेचने के बाद जो सौदागर मुकर जाये, उस पर बारह पण दण्ड किया जाये।
2. बयाना एक दिन तक लौटाया जा सकता है।
3. अल्पायु वस्तुओं का बयाना इस शर्त पर होती है कि दूसरे को नहीं बेचा जायेगा। इसका उल्लंघन करने वाले को चौबीस पण दण्ड किया जाये।
4. कन्या के किसी दोष को छिपाकर व्याह करने वाले पर छियानबे पण दण्ड किया जाये।
5. वर के दोष छिपाकर विवाह करने वाले पर इसका दुगुना यानी एक सौ बानबे पण दण्ड किया जाये।
6. जो भी व्यक्ति दण्ड, निन्दा या रोग आदि के भय से दान दे व दान ले, उन सबको चोरी का दण्ड दिया जाये।
7. स्त्री पुरुष को बाँधने, बँधवाने वाले; न्यायाधीश द्वारा बँधवाये गये को छुड़ाने वाले को पाँच सौ से एक हजार पण तक का उत्तम साहस दण्ड दिया जाये।
8. जो व्यक्ति जान–बूझकर या सूचना देकर डाका डालता है, उसे दुगुना दण्ड दिया जाये।

वाक्य-पारुष्य : वाणी से आघात

भेद और दण्ड

गाली–गलौज, निन्दा, धमकाना आदि वाक्य–पारूष्य अपराध हैं। इसके लिए आज कोई दण्ड नहीं है। इसलिए ऐसे अपराधों को सहकर जीना पड़ता है। अब मंचों से भी खुलेआम गालियाँ दी जाती हैं और जूते, चप्पल, कुर्सियाँ भी चलती हैं, किन्तु दण्ड नहीं दिया जाता। फलतः पूरा का पूरा समाज उच्छृंखल होकर रह गया है। किसी को छूना या पीटना भी इसी के अन्तर्गत आता है, जिनके पाँच भेद होते हैं :

1. **शरीर :** यदि शरीर को लक्ष्य करके कोई अपशब्द का प्रयोग करे तब तीन पण और झूठी निन्दा करे तब छः पण दण्ड दिया जाये। व्यंग्यात्मक बोली से निन्दा करने वाले को बारह पण दण्ड दिया जाये।

2. **प्रकृति :** जाति भेद बताते हुए अगर कोई निन्दा करे, तब एक ही जाति वाले तब ब्राह्मण तीन पण, छः पण और बारह पण दण्ड करें। अगर विजातीय की निन्दा करता है तब दो या चार या आठ पण दण्ड दें।

3. **श्रुति :** कोई किसी की निन्दा करे, तब भी यही दण्ड दिया जाये।

4. **वृत्ति :** कोई किसी की आजीविका की निन्दा करे, तब यही दण्ड होना चाहिए।

5. **देश :** भिन्न–भिन्न देशों के लोग भी ऐसी निन्दा करें, तब भी यही दण्ड दिया जाना चाहिए।

यदि कोई व्यक्ति देश या गाँव की निन्दा करे, तब प्रथम साहस दण्ड; अपनी जाति या समाज की निन्दा करे।

जुआ खेलना या खेलाना अपराध नहीं था, किन्तु उसके अध्यक्ष होते थे और एक अध्यक्ष के क्षेत्र में एक ही स्थान पर जुआ होता था। इससे सम्बन्धित भी अनेक अपराध थे और प्रत्येक के लिए चाणक्य ने 'द्यूत समाह्वय' अध्याय में इसका विस्तृत वर्णन किया है।

उच्छृंखलता आज सर्वाधिक है, क्योंकि इस तरह का दण्ड–विधान नहीं है और दण्ड की तत्क्षण व्यवस्था नहीं है। इसलिए लिखित रूप में पुस्तकों, पत्रिकाओं और स्मारिकाओं में तथा मंच से भाषण देकर ऐसी निन्दा की जा रही है। जिसकी निन्दा की जाती है, वह कटकर रह जाता है मगर कर या कह कुछ नहीं सकता। पुतले चौक, चौराहे पर जलाये जाते हैं। धमकाने की घटनाएँ हर क्षण कहीं न कहीं हो रहीं हैं, किन्तु कोई रोक नहीं है। यह सोचने में भी नहीं पकड़ में आता कि मनुष्य को हो क्या गया है? पतन की अब और कौन–सी सीमा देखना बाकी रह गया है। ऐसी निन्दा आदि के लिए संगठनों, सरकारी कार्यालयों, विद्यालयों, महाविद्यालयों, नगरपालिका और पंचायत को यह अधिकार देना चाहिए कि वह तत्क्षण दण्ड दे ताकि अपशब्द और एक–दूसरे की निन्दा पर रोक लगे ताकि मजबूरी में ही सही मानव शिष्ट आचरण कर सके।

4

चौथा अधिकरण : कण्टक शोधन

कारीगरों, व्यवसायियों और अधिकारियों से सामान्य जन की रक्षा के लिए अनेक अध्याय वाला एक 'कण्टक शोधन' अधिकरण ही चाणक्य ने लिख रखा है, जिसमें वे सब कैसे–कैसे हथकण्डे अपनाकर जन–समूदाय को तंग करते हैं या लूटते हैं आदि का ब्योरा देकर उन्होंने दण्ड निर्धारित किया है। आज जब सरकारी गैरसरकारी बैंक लूट लिये जाते हैं; बैंक से रुपयों की निकासी करके बाहर निकलते ही व्यवसायी और सरकारी कर्मचारी लूट लिये जाते हैं; जब नकली दवाइयाँ खुलेआम बिकती हैं; हत्या की सुनवाई बारह–चौदह वर्षों के बाद आरम्भ होती है तब सामान्य जन को कौन पूछेगा? सबके सब भय में जीने के लिए मजबूर हैं और गाड़ियों के नीचे दबकर मरने के लिए भी। चालक के लिए इन हत्याओं का जो निर्धारित दण्ड है, वह पुरस्कार जैसा लगता है। मानव–जीवन का इतना नष्ट होना युद्धों के काल में भी नहीं सुना जाता। आँकड़े बोलते हैं कि विगत वर्ष की अपेक्षा अधिक दुर्घटनाएँ होंगी जिनमें दुनिया के पाँच करोड़ लोग प्रभावित होंगे। सब अपने लिए बटोरने में लगे हैं, दूसरे की ओर देखने के लिए समय नहीं है। आज न समाज है, न नियम, न शिष्ट आचरण। इसका कोई आँकड़ा नहीं बता सकता किन्तु यह सही है कि वृद्धावस्था की मृत्यु का आठ गुणा मृत्यु युवा अवस्था में हो रही है।

इसमें जो अध्याय हैं, वे निम्नलिखित हैं और उन्हें देखकर ही तब के या चाणक्य के सर्वकालीन चिन्तन को समझा जा सकता है :

1. शिल्पियों से जन–सामान्य की रक्षा
2. व्यापारियों से लोगों की रक्षा
3. दैवी विपत्तियों से जन–समुदाय की रक्षा
4. गुप्त षड्यन्त्रों से सामान्य–जन की रक्षा
5. दुष्टों का दमन
6. जिन पर शंका की जा सके, उनकी पहचान
7. मृत्यु और हत्या की पहचान
8. जाँच और यातना
9. सरकारी विभागों और कर्मचारियों की निगरानी

10. एकांग वध और दण्ड
11. शुद्ध वध और चित्रदण्ड
12. कुँवारी कन्या से सम्भोग का दण्ड
13. अतिचार का दण्ड
14. बलात्कारी को दण्ड

5

पाँचवाँ अधिकरण : योग-वृत्त

कोष का अधिकतम संग्रह

राजा अपने कोष को इच्छानुसार कर लगाकर बढ़ा सकता है, किन्तु चाणक्य ने उसपर भी प्रतिबन्ध लगाया है और सीमान्त क्षेत्र से; जंगल और धातु–क्षेत्र से ऐसी उगाही के लिए मना किया है। आमदनी का कहीं बीसवाँ, कहीं दसवाँ और कहीं पाँचवाँ हिस्सा ही लेने के लिए कहा गया है। व्यापार करने वाले, वेश्याओं, जानवर पालने वालों से कर लेने का प्रावधान किया गया है। अगर इस पर आवश्यकता की पूर्ति नहीं होती, तब धनी नागरिकों से स्वेच्छया धन माँगा जाये। देवताओं पर भेंट आदि चढ़वाकर भी कोष को भरा जा सकता है। राजा तो दो को लड़वाकर, उनमें से एक को मरवाकर और उसी अपराध में दूसरे की सम्पत्ति छीनकर अपना कोष भर सकता है।

किन्तु व्यवसायी को यह सब करना न सम्भव है और न उचित। उसे श्रम से और बुद्धि से ही कोष को भरना होगा। आज बैंक से कर्ज लेकर व्यापार करने की परिपाटी है, मगर उसमें सबसे बड़ा खतरा यह है कि दिमाग, देह और अपने लोगों की शक्ति व्यापारी लगाता है और लाभ का या कमाई का बड़ा हिस्सा सूद में दे देना पड़ता है। मूल कर्ज उसी तरह बरकरार रह जाता है।

व्यापारी का कोष बाजार पर नियन्त्रण से भरता है; उत्पाद की श्रेष्ठता और स्वीकृति पर बढ़ता है तथा ज्यादा माल के बिकने से होने वाले आय या अतिरिक्त आय बढ़ता है। अपना कोष भरने के लिए व्यवसायी को इन्हीं निश्चित मार्गों का अवलम्बन ग्रहण करना होगा। इसके लिए यह जरूरी है कि अगर अपना उत्पाद है तब वह जनजीवन के लिए कल्याणकारी हो, तभी लोक प्रिय होगा और उत्पादन से बराबर अधिक माँग और खपत रहेगी।

अगर केवल बिक्रय और वितरण है, तब समय को पहचानकर ही गोदाम भरें और खाली करें। यह सदैव याद रखें कि न गोदाम बराबर भरा रहे और न खाली रहे; बल्कि गोदाम बराबर भरता और खाली होता रहे। बिक्री और लाभ की परीक्षा इसी से हो जाती है और इसी से कोष भरता है।

घात करने वाले कर्मचारी

उसी संगठन से वेतन, भोजन पानेवाले जब उसी के विरोध में काम करने लगें, तब उनसे छुटकारा पाना आवश्यक हो जाता है। इसमें सबसे आसान काम है, दो ऐसे लोगों को आपस में लड़वा दिया जाये। अगर ऐसा कार्य शासन के विरुद्ध अथवा बड़े संगठनों के विरोध में हो तब उनसे छुटकारा पाने के अनेक मार्ग वर्णित हैं। किसी का भी आश्रय लेकर यह कार्य किया जा सकता है : ***स्वपक्षे परपक्षे वा तूर्ष्णीं दण्डं प्रयोजयेत्***।

कर्मचारियों का भरण–पोषण

कर्मचारियों के भरण–पोषण के लिए समुचित वेतन दिया जाना चाहिए कि वे आर्थिक विपन्नता का अनुभव न करें और कार्य से जी न चुरायें। इसके लिए चाणक्य ने सभी राज्यकर्मियों और अन्य लोगों के लिए वेतन निर्धारित किया है। किन्तु इसमें उसकी एक शर्त है कि वेतन, राजा, राज्य, मालिक, संगठन की शक्ति और क्षमता के अनुसार दिया जाये। ऐसा न हो कि आय से अधिक व्यय हो जाये, ताकि अधिक वेतन देने के कारण उसी के दबाव में राज्य या संगठन कंगाल हो जाये। ऐसा कुछ भी न किया जाये, जिससे धर्म और अर्थ की व्यर्थ क्षति हो।

1. ऋत्विक, आचार्य, मन्त्री, पुरोहित, सेनापति, युवराज, राजमाता और पटरानी को 48 हजार पण वार्षिक वृत्ति, वेतन दिया जाये।
2. दौवारिक यानी द्वारपाल; अन्तःवशिक यानी अन्तःपुर रक्षक; प्रशास्ता यानी आयुधरक्षक; कर वसूलने वाले समाहर्त्ता, सन्निधता यानी भण्डार अध्यक्ष को पहले के आधे यानी 24 हजार पण वार्षिक वृत्ति दी जाये।
3. युवराज के भाई आदि को, नायक, पौर यानी शहर कोतवाल को, व्यावहारिक यानी व्यापार अध्यक्ष को और मन्त्रिपरिषद् के सदस्यों को पहले के आधे यानी 12 हजार पण वार्षिक वृत्ति दी जाये।
4. श्रेणी मुख्य यानी अभियन्ता; अन्य अध्यक्षों को, जो दूसरी श्रेणी में आते हैं, उन्हें ऊपर वर्णित का दो तिहाई आठ हजार पण वार्षिक वेतन दिया जाये।
5. अलग–अलग टुकड़ियों के सेनाध्यक्षों को इनका आधा यानी चार हजार पण वार्षिक वेतन दिया जाये।
6. विभिन्न शिक्षकों को और विभिन्न पशुओं के अध्यक्ष को दो हजार पण ही वार्षिक वेतन दिया जाये।
7. ज्योतिषी, कथावाचक, स्तुतिवाचक, पुरोहित के सहकारी और इसी श्रेणी के अन्य लोगों को एक हजार पण प्रतिवर्ष वेतन दिया जाये।
8. चित्रकार, खिलाड़ी, कवि, लेखक, गणक आदि को पाँच सौ पण प्रतिवर्ष दिया जाये।
9. नट, नर्तक, गायक आदि को ढ़ाई सौ पण प्रतिवर्ष दिया जाये।

इसी रूप में वेतनमान घटता गया है। मानक युवराज ही है और प्रत्येक अगली श्रेणी पर वह आधा होता गया है। यह निश्चित रूप से वैज्ञानिक प्रणाली है।

इस तरह वेतनमान 48; 24; 12; 8; 4; 2; 1; 1/2; 1/4; 1/8 किया गया है।

मगर आजकल एक ही कार्य करने वालों को विभिन्न वेतनमान दिया जाता है, फिर अलग—अलग कार्य करने वालों की बात ही कौन करे!

कर्मचारियों का संगठन के प्रति व्यवहार

1. जो व्यक्ति सांसारिक व्यवहार में कुशल है, उसे चाहिए कि सत्कुलीन, योग्य और बुद्धिमान व्यक्ति के संगठन में ही कार्य करें। अयोग्य के संगठन का अतीत भले हो, भविष्य नहीं होता।

2. अगर सम्मति देने की आवश्यकता पड़े, तब सदा शास्त्रसम्मत ही सम्मति दें।

3. जिस पद पर प्रबन्ध अध्यक्ष नियुक्त करे या जो कार्य बतावे, वही करें।

4. अध्यक्ष के अगल—बगल बैठकर कार्य न करें। न उनसे अधिक दूर हो न सन्निकट।

5. आक्षेप लगाकर, असभ्य तरीके से या झूठी बात कभी न बोलें।

6. बेमौके और ऊँची आवाज में कभी न बोलें।

7. बोलते समय खखारे या डकारे नहीं।

8. अध्यक्ष के सम्मुख बिना उनके आदेश के दूसरे से बात न करें।

9. किसी अफवाह में हाँ या ना कभी न बोलें।

10. अध्यक्ष का वेष धारण न करें अथवा उनका नकल भी न करें।

11. अध्यक्ष जो रत्न धारण करते हों, वह भी धारण न करें।

12. एक आँख दबाकर या होठ दबाकर या भौं चढ़ाकर बात न करें।

13. अध्यक्ष की बात बीच में ही न काटें।

14. उनके किसी सम्बन्धी से झगड़ा न करें।

15. कार्यालय की स्त्रियों के साथ; प्रतिद्वन्द्वियों के साथ, दुश्मनों के साथ सम्बन्ध न रखें।

16. एक ही बात को न दुहराते रहें।

17. गुटबाजी न करें।

18. अध्यक्ष के लिए आवश्यक बात यथाशीघ्र बता दें।

19. अपने लाभ की बात अध्यक्ष से न कहकर उनके निकट के व्यक्तियों से कहें।

20. दूसरे के हित की बात स्वयं बता दें।

21. कोई विशेष बात समय और अवसर देखकर कहें।

22. प्रिय और हितकारी बात को कह देनी चाहिए।

23. अहितकर बात को स्वयं नहीं कहनी चाहिए। वह दूसरों से कहवानी चाहिए।

24. पूछने पर सच्ची बात ही बोलें।

25. जब उत्तर देने में भय लगे, तब चुप रह जाना चाहिए।

26. अध्यक्ष के हँसने पर शान्त न रहकर हँसना चाहिए, किन्तु अट्टाहास कभी नहीं करना चाहिए।

27. किसी भयावह सन्देश को किसी और के द्वारा ही कहलवाना है।

28. किसी बात का दायित्व आ जाये तब चुपचाप उसका परिणाम सहन कर लेना चाहिए।

29. हर हालत में पहने अपनी रक्षा की सोचें, तब नौकरी की रक्षा के बारे में सोचें।

30. अध्यक्ष चाहे तब बरबाद कर सकता है और प्रसन्न हो जाये तब सब कुछ दे सकता है।

31. सदा सतर्क और सावधान रहें।

व्यवस्था का अनुपालन

1. कर्मचारियों को चाहिए कि खर्च घटाकर शुद्ध लाभ ही मालिक को बतायें।

2. कर्मचारियों को चाहिए कि अन्दर और बाहर होनेवाली घटनाओं को सही–सही ही मालिक को बताये।

3. कर्मचारियों को चाहिए कि मालिक अगर दुर्व्यसन में है, तब खुशामद करके भी मार्ग पर लायें।

4. किसी जाने–अनजाने खतरे से मालिक की रक्षा अपने को खतरे में डालकर भी करें।

5. मालिक की प्रसन्नता और क्रोध को समझने का सदा प्रयत्न करें और तदनुरूप आचरण करें।

कमजोर और बुद्धिहीन मालिक का परित्याग

1. कमजोर और बुद्धिहीन मालिक का निश्चित रूप से परित्याग कर दें।

2. ऐसे ही कुछ कमजोर और बुद्धिहीन मालिकों को उनके दक्ष अमात्यों ने त्याग दिया था। ऐसे उदाहरण चाणक्य ने दिया है। उन्हें यहाँ उद्धृत किया जा रहा है।

3. 'यह जल सींचने वाला आज ऊपर से जल सींच रहा है।' राजा के मुख से ऐसा सुनकर मन्त्री अमात्य राज्य छोड़कर चले गये।

4. 'क्रौंच पक्षी आज बाईं ओर से उड़ गया।' ऐसा सुनकर भारद्वाज गोत्रीय

कर्णिक नाम का मन्त्री अपने राजा को छोड़कर चला गया।

5. राजा के हाथ में तृण को देखकर आचार्य दीर्घनारायण राजा को छोड़कर चले गये।
6. 'कपड़ा ठण्डा है।' सुनकर आचार्य घोटमुख अपने राजा को छोड़कर चले गये।
7. हाथी के ऊपर पानी डालते देखकर किंजल्क नामक आचार्य मालिक को छोड़कर चले गये।
8. रथ के घोड़े की तारीफ सुनकर पिशुन राजा को छोड़कर चले गये।
9. राजा पर कुत्ते को भूँकते हुए देखकर आचार्य पिशुन का बेटा राजा को छोड़कर चला गया।
10. सम्पति और सत्कार को नष्ट करने वाले मालिक के यहाँ भी काम नहीं करना चाहिए।
11. मालिक के नाराज होने पर उनके मित्र के द्वारा अपनी सफाई पहुँचानी चाहिए और उसके मृत्यु तक अवश्य कार्य करना चाहिए।
12. ऐसा इसलिए कहा गया है कि बार–बार संगठन बदलने से चारित्रिक ह्रास होता है और व्यक्ति विश्वासपात्र नहीं रहता। आजकल ऐसा बहुत हो रहा है, इसलिए किसी और संगठन से आने वाले कर्मचारी को नया संगठन वह उच्च पद नहीं देता, जिसमें गोपनीयता की जरूरत पड़ती है। नये कर्मचारी को पैसे मिल जाते हैं, किन्तु प्रतिष्ठा नहीं मिलती, जबकि एक ही जगह कार्य करते रह जानेवाला अनुपम आदर पाता है।

विपत्ति के समय कार्य–संचालन

संसार को और दैविकता को नहीं जाना जा सकता। कभी ऐसी स्थिति आ सकती है कि मालिक का अपहरण हो जाये या निधन हो जाये और उनका समुचित तथा सशक्त स्थानापन्न तैयार न हो, तब उनकी अनुपस्थिति में अनेक स्थानों पर बिखरे संगठन को सुचारू रूप से चलाना अति कठिन कार्य है। अगर ऐसा किसी षड्यन्त्र के कारण हुआ है, तब मन्त्रिपरिषद् अथवा प्रबन्ध परिषद् की सभा बुलाना अन्य आकस्मिक खतरों को न्योता देना है।

इसके दो स्वरूप हैं: खतरे या मृत्यु को गोपित रखना या प्रकट कर देना। इनमें से एक का चुनाव सोच–समझकर किया जाये। जिनसे खतरे हैं, वे आसानी से मानने वाले नहीं हैं और विपत्ति की जानकारी भी उन्हें अवश्य है। मृत्यु को वे उजागर नहीं कर सकते, क्योंकि उसके खुले में आ जाने का भय है। षड्यन्त्रकारी गुप्त ही रहना चाहता है, क्योंकि खुले में चौतरफा आक्रमण का भय होता है।

इस स्थल पर अनेक हथकण्डों की चर्चा चाणक्य ने की है, किन्तु मूल बात इतनी ही है कि सबकुछ तब तक सफल ढंग से सम्भालना है, जब तक कोई योग्य स्थानापन्न पद–भार नहीं ले लेता। अगर यह कार्य युवराज या ज्येष्ठपुत्र को दिया जाता है, तब धीरे–धीरे उसे सारे कार्य बताकर तब मूलसंकट को बताया जाये और उसका प्रतिकार किया जाये। इसके लिए और सचमुच ऐसी स्थिति किसी के सम्मुख आ जाये तब ***'आपत्प्रतिकार प्रकरण'*** देखे। मगर जो करना है, संकटकाल में ही करना है और शक्ति तथा क्षमता की पहचान उसी समय होती है, समय बीत जाने पर क्या?

चाणक्य लिखते हैं

कालः च सकृदभ्येति यं नरं काल-कांक्षिणम्।
दुर्लभः स पुनः तस्य कालः कर्म चिकीर्षतः।

चिर–प्रतीक्षित अवसर एक बार ही आता है। उसको चूक जाने पर फिर वैसा अवसर पुनः नहीं आता। साँप के निकल जाने पर लकीर पीटने से कुछ नहीं आता। यानी साँप को तभी मारा जा सकता है, जब वह समक्ष आ गया है।

उत्तराधिकारी तैयार करना

यही वह समय है जब योग्य उत्तराधिकारी को तैयार किया जाना चाहिए। सभी व्यक्तियों के सामने अवयस्क पुत्र को अथवा गर्भवती पत्नी को श्रेष्ठतम् पद देकर कार्यभार शेष सबको दिया जाये। ऐसी स्थिति में उच्च और सामान्य कर्मचारियों के वेतन में वृद्धि कर दें, ताकि वे सन्तुष्ट रहें।

उसकी शिक्षा सर्वश्रेष्ठ होनी चाहिए और सभी श्रेष्ठ गुण : विद्या, विनय, नीतिशास्त्र, राजनीति, समाजशास्त्र और धर्मशास्त्र आदि का पूर्ण ज्ञान दे। उसके सबल हो जाने पर ही उसे सारी परिस्थितियों से और सारे धन, मान, पूर्व संकल्प आदि का विवरण दिया जाये। इसके बाद भी कुछ काल तक उसे धर्म और तत्त्वज्ञान दिया जाये।

6

छठा अधिकरण : मण्डल योनि

सात प्रकृतियाँ

निम्नलिखित सात प्रकृतियाँ हैं या सात तरह के लोगों की प्रकृतियाँ और प्रवृतियाँ हैं, इन्हें जाने बिना इन सबसे सम्बन्ध बनाये रखना, प्रसन्न रखना या इनके काम आना या इन्हें नियन्त्रण में रखना सम्भव नहीं है। ये सात तरह के लोग हैं :

स्वामी; प्रशासक; जनपद या जनसमुदाय; दुर्ग या कार्यालय; कोष; दण्ड या सेना या कर्मचारी; मित्र और शत्रु। मित्र और शत्रु एक ही खण्ड में हैं, किन्तु इन्हें अलग–अलग करने से ये आठ हो जाते हैं।

1. **स्वामी के गुण :** स्वामी में कई तरह के गुण होते हैं : अभिगामिक गुण; प्रज्ञा गुण; उत्साह गुण आदि।

   महाकुलीन, दैवबुद्धि, धैर्य सम्पन्न, दूरदर्शी, धार्मिक, सत्यवादी, कृतज्ञ, उच्च अभिलाषी, उत्साही, शीघ्र कार्य करने वाला, कुशल, प्रवीण, वश में करने वाला, दृढ़, गुण–सम्पन्न परिवार वाला, और शास्त्र के अनुसार आचरण करने वाला। ये 'अभिगामिक' गुण कहलाते हैं।

   शास्त्रज्ञान, शास्त्रचर्चा, ग्रहणशीलता, तीखी स्मृति, बात की तह तक पहुँचने की शक्ति, दुष्ट पक्ष का त्याग करने वाला, गुणियों का पक्षधर। ये 'प्रज्ञा' गुण कहलाते हैं।

   शौर्य, अमर्ष, क्षिप्रकारिता, और दक्षता 'उत्साह' गुण कहलाते हैं।

   वाग्मी, प्रगल्लभ, बलवान, उन्नतमन, संयमी, निपुण सवार, आक्रामक, रक्षक, उपकार और अपकार समझने तथा तदनुरूप प्रतिकार करने वाला, लज्जावान, दुर्भिक्ष में सहायक, सन्धि को समझने वाला, युद्ध में चतुर, संघर्ष में विवेकी, शत्रु से लाभ उठाने वाला, प्रियभाषी, हँसमुख, उदार, वृद्ध का आदर करने वाला, आत्मसम्पन्न स्वामी श्रेष्ठ होता है।

2. **प्रशासक के गुण :** अमात्य या प्रशासकों या अध्यक्षों या मन्त्रणा–परिषद् के सदस्यों के गुणों की चर्चा उनके चुनाव के समय ही विशद् रूप से हुई है।

3. **जनपद या जनसमुदाय के गुण :** अच्छे जनपद या जन–सामान्य का गुण उनकी आमदनी और स्वभाव में है। जहाँ अनाज खूब पैदा होता हो या जो कृषि–कार्य अच्छा करते हैं, जिनके पास वृक्ष और पशुधन अधिक हो, क्योंकि जीवन की आवश्यकता इन्हीं से पूरी होती है, विलासिता की वस्तुओं से नहीं। चाणक्य ने कभी भी किसी भी रूप में विलासिता को स्वीकार नहीं किया, क्योंकि विलासिता न स्वस्थ रहने देती है और न सुसंस्कृत होने देती है।

   वहाँ की जलवायु अच्छी होनी चाहिए और लोग स्वस्थ होने चाहिए। अस्वस्थ अच्छा कार्य नहीं कर सकते और कर्ज में डूबे रहते हैं। जिनपर पहले से ही कर्ज का बोझ हो, वे व्यवसायियों के हितैषी होकर भी लाभकारी नहीं हैं। लाभकारी वह है, जहाँ सामान्य और बहुमूल्य वस्तुओं की बिक्री होती हो, जहाँ प्रेमी और शुद्ध स्वभाव के लोग बसते हों।

4. **दुर्ग या कार्यालय के गुण :** कार्यालय ऐसे स्थान पर हो, जो रास्तों से जुड़ा हो, एकान्त में न हो और जहाँ लोग बराबर आते–जाते रहते हों।

5. **कोष के गुण :** कोष वह श्रेष्ठ है, जिसमें पूर्वजों की और अपनी धर्म की कमाई हो। जिसमें सोना, चाँदी और रत्नादि भरे हुए हों। उसमें इतनी सम्पति हो कि दुर्भिक्ष के समय परिवार, बन्धुओं और कर्मचारियों की रक्षा कर सके। यही सम्पन्नता कहलाती है।

6. **दण्ड या सेना या कर्मचारी के गुण :** कर्मचारी वे अच्छे हैं, जिनमें वंश–परम्परा से कार्य करने वाले जाने हुए लोग हों; स्थायी और वश में रहने वाले हों; तत्परता से कार्य करने वाले हों; कार्य कौशल से युक्त हों।

7. **मित्र के गुण :** मित्र ऐसे होने चाहिए, जो स्थायी हों, वश में हों; जिनसे विरोध की सम्भावना नहीं हो; उत्साह आदि शक्तियों से युक्त हों और समय पर सहायता कर सकते हों।

8. **शत्रु के गुण :** जो सत्कुलीन न हों; लोभी हो; दुष्ट परिवार वाले हो; जो शास्त्र के प्रतिकूल आचरण करते हों; शासन जिनके विरोध में हों; अयोग्य, व्यसनी और उत्साहहीन हों और जो बिना विचारे कार्य करने वाले हों।

अध्यात्म

क्षेम का कारण 'शान्ति' और योग का कारण 'व्यायाम' है।

कुशल कर्मचारियों की नियुक्ति 'व्यायाम' है।

कर्मफलों के उपयोग में विघ्नों के नाश का साधन 'शान्ति' है।

शम और व्यायाम के छः गुण हैं : *सन्धि; विग्रह; यान; आसन; संश्रय और द्वैधी भाव और इनके तीन फल हैं : उन्नति यानी वृद्धि; अवनति यानी क्षय और समान गति।*

तीन फल

1. उन्नति यानी वृद्धि
2. अवनति यानी क्षय
3. समान गति

➤ इन तीन फलों को प्राप्त करने के लिए दो तरह के कर्म हैं : मानुष और दैव। नय तथा अपनय मानुष कर्म है, जबकि अय और अनय दैव कर्म हैं।

➤ ये दैव और मानुष कर्म ही दैव जीवन को चलाने वाले दो पहिये हैं। अदृष्ट द्वारा कराया हुआ धर्म तथा अधर्म रूप कर्म 'दैव' कहलाता है। इससे इष्ट फल का सम्बन्ध जुट जाने की स्थिति को 'अय' कहते हैं। यदि प्रतिकूल फल के साथ सम्बन्ध हुआ, तब वही 'अनय' की स्थिति है।

➤ प्रभुशक्ति, मन्त्रशक्ति और उत्साहशक्ति के कारण सन्धि, विग्रह आदि गुणों के प्रयोग द्वारा जो कार्य किया या कराया जाये, वही 'मानुष' कर्म है। उसके होने पर यदि योग, क्षेम की सिद्धि हो जाये, तब 'नय' है; अगर विपत्ति आ जाये तब 'अपनय' है।

➤ दैवकर्म अचिन्त्य होता है, अतएव उसके सम्बन्ध में कहना असम्भव है, इसलिए मूर्खतापूर्ण है।

➤ जो व्यक्ति आत्मसम्पन्न तथा द्रव्यसम्पन्न है और नीति का आश्रय लेने वाला है, उसको *विजीगीषु* कहते हैं। उसके चारों ओर के व्यक्ति *अरि प्रकृति* कहलाते हैं, किन्तु पड़ोस या सटे हुए निवास करने वाले *मित्र प्रकृति* कहलाते हैं।

➤ शत्रु के गुणों से युक्त स्पष्टतया शत्रु कहलाते हैं। व्यसनी व्यक्ति को जीत लेना चाहिए। साथ ही दुर्बल शत्रु को भी जीत लेना चाहिए। आश्रय युक्त और सबल राजा को विभिन्न युक्तियों द्वारा तंग किया जाना चाहिए तथा उसके धन और शक्ति की क्षति करनी चाहिए।

➤ विजीगीषु की विजय यात्रा में आगे रहने वाले पात्र क्रमशः शत्रु, मित्र, अरिमित्र, मित्र के मित्र और अरि के मित्र पाँच होते हैं और पीछे चार होते हैं : पाष्णिग्रह, आक्रन्द, पाष्णि–ग्राहासार, आक्रदासार। आगे–पीछे के इन नौ के साथ एक मण्डल बनता है, जो राजमण्डल कहलाता है।

➤ विजीगीषु की सीमा से लगा हुआ स्वाभाविक शत्रु और उसके वंश में उत्पन्न दायभागी सहज शत्रु कहलाते हैं। स्वयं विरुद्ध हो जाने वाला या दूसरे को विरोधी बना देने वाला कृत्रिम शत्रु होता है।

➤ विजीगीषु की सीमा से थोड़ा हटकर स्वभावतः मित्र होता है और उसका ममेरा या फूफेरा भाई सहज मित्र होता है। धन या जीविका के लिए आश्रय लेने वाला कृत्रिम मित्र होता है।

➤ शक्ति को बल और सिद्धि को सुख कहा जाता है।

➤ बल के तीन भेद हैं : ज्ञानबल; कोषबल; विक्रमबल।

➤ इसी तरह सिद्धि के तीन भेद हैं : *मन्त्रसिद्धि; प्रभुसिद्धि; उत्साहसिद्धि।*

➤ इन शक्तियों से सम्पन्न व्यक्ति श्रेष्ठ; उनसे रहित अधम और समान शक्ति वाला मध्यम कहलाता है।

➤ इस मण्डल के चक्र में मित्र नेमि, पास वाले अरा और स्वयं वह व्यक्ति नाभि होता है।

➤ जो उस व्यक्ति और मित्र के बीच में आ जाये, उसे तंग करके जीत लिया जाता है।

7

सातवाँ अधिकरण : षाड्गुण्य

गुणों का उद्देश्य और क्षय; स्थान तथा वृद्धि

दो व्यक्तियों, संगठनों, संस्थाओं अथवा राज्यों का कुछ शर्तों पर मेल हो जाना 'सन्धि' है। शत्रु को तंग करना, अपकार करना 'विग्रह' है; उपेक्षा करना 'आसन' है, चढ़ाई करना 'यान' है, आत्म–समर्पण 'संश्रय' है और सन्धि–विग्रह दोनों से काम लेना 'द्वैधी भाव' है।

छः गुण

1. **सन्धि :** दो व्यक्तियों, संगठनों, संस्थाओं अथवा राज्यों का कुछ शर्तों पर मेल हो जाना सन्धि है।

   शत्रु से अपने को निर्बल समझने पर सन्धि कर लेनी चाहिए।

   यदि कोई यह समझे कि उसकी वृद्धि शीघ्र होगी और शत्रु की विलम्ब से; उसके व्यापार में वृद्धि और शत्रु का स्थिर; शत्रु की कम; समान वृद्धि होते हुए भी उसका उदयोन्मुख होगा और शत्रु का ह्रासोन्मुख। ऐसी अवस्था में वह शत्रु की चिन्ता न करे। यदि देखे कि वृद्धि समान रूप से होगी और उदयोन्मुख होगी, तब उससे सन्धि कर ले।

2. **विग्रह :** शत्रु को विभिन्न तरीको से और मित्र आदि की सहायता से तंग करना, व्यवधान पैदा करना या अपकार करना 'विग्रह' है।

   शत्रु से अपने को बलवान समझने पर विग्रह कर लेना चाहिए।

3. **यान :** किसी अन्य पर आक्रमण, चढ़ाई करना 'यान' है।

   यदि स्वयं को किसी अन्य से या शत्रु से बलवान, सर्वसम्पन्न और अत्यधिक शक्ति सम्पन्न पाये, तब आक्रमण कर देना चाहिए।

4. **आसन :** शत्रु या मित्र या सीमा से सटे हुए की उपेक्षा करना आसन है।

   शत्रु के बल और अपने बल में कोई अन्तर न दिखे, तब आसन को अपना लेना चाहिए।

5. **संश्रय :** किसी के आगे आत्मसमर्पण संश्रय है।

अपने को निरा अशक्त पाये तब संश्रय से काम लेना चाहिए।

6. **द्वैधी भाव :** सन्धि–विग्रह दोनों से काम लेना द्वैधी भाव है।

यदि सहायता की अपेक्षा है, तब द्वैधी भाव अपना लेना चाहिए।

इन सारी स्थितियों और गुणों पर विचार करते हुए ही सन्धि करे, विग्रह करे या आक्रमक होना चाहिए।

तीन फल

1. **उन्नति यानी वृद्धि :** ऊपर वर्णित छः गुणों में जिस गुण से कोई यह समझे कि इसे अपनाने से वह अपने व्यापार, कोष, बन्धु आदि की रक्षा कर सकेगा; विकास कर सकेगा या शत्रु को नष्ट कर सकेगा; वह उसी गुण का आश्रय और अवलम्बन ले। इस प्रकार के गुण का अवलम्बन ही 'वृद्धि' है।

2. **अवनति यानी क्षय :** जिस गुण को अपनाने से अपने कार्य का नाश और शत्रु को लाभ होता हो, वह गुण कदापि नहीं अपनाना चाहिए। इस प्रकार के गुण का जो अवलम्बन करता है, वही 'क्षय' कहलाता है।

यदि उसका अपना 'क्षय' धीमा हो और शत्रु का शीघ्र; तब क्षय की परवाह नहीं करनी चाहिए। यदि शत्रु का क्षय भी उदयोन्मुख हो, तब उससे सन्धि कर ले।

3. **समान गति :** जिस गुण का आश्रय लेने पर अपनी वृद्धि अथवा क्षय कुछ भी न दिखे, ऐसी समान स्थिति को 'स्थान' कहते हैं।

सन्धि : हीन सन्धि

1. **अमिष सन्धि :** सेना आदि से बलवान राजा के द्वारा दबाये हुए कमजोर राजा को चाहिए कि वह शीघ्र ही बलवान से सन्धि कर ले। जब ऐसी स्थिति में विजित विजयी से धन, भूमि आदि देकर सन्धि करता है, तब उसे अमिष सन्धि कहते हैं।

2. **पुरुषान्तर सन्धि :** सेनापति और राजकुमार को शत्रुराजा की सेवा में भेजकर जो सन्धि की जाती है, उसे पुरुषान्तर सन्धि कहते हैं। इसी को आत्मरक्षण सन्धि भी कहते हैं। इसमें राजा स्वयं शत्रु के दरबार में जाने से अपनी रक्षा कर लेता है।

3. **अदृष्टपुरुष सन्धि :** शक्तिशाली शत्रु के कार्य की सिद्धि के लिए या तो व्यक्ति स्वयं जाने अथवा अपने कर्मचारियों, सेना आदि को भेजने की सन्धि करता है तब उसे अदृष्ट पुरुष सन्धि कहा जाता हैं। इसे ही दण्ड मुख्य आत्म रक्षण सन्धि भी कहते हैं।

4. **दण्डोपनत सन्धि :** जब शक्तिशाली कमजोर की कन्या से विवाह की शर्त पर सन्धि करे, तब उसे दण्डोपनत सन्धि कहते हैं।

5. **परिक्रय सन्धि :** जिस सन्धि में बलवान शत्रु द्वारा पकड़े गये अपने श्रेष्ठ कर्मचारियों को धन देकर छुड़ाया जाता है, उसे परिक्रय सन्धि कहते हैं।

6. **उपग्रह सन्धि :** जिस परिक्रय सन्धि में किस्तों में धन चुकाया जाता है, उसे उपग्रह सन्धि कहते हैं।

7. **प्रत्यय सन्धि :** जिस उपग्रह सन्धि में किस्तों को देने का समय और स्थान भी तय किया जाता है, उसे प्रत्यय सन्धि कहते हैं।

8. **कन्यादान या सुवर्ण सन्धि :** सुविधानुसार तय समय में निश्चित राशि चुका देने के कारण इस सन्धि को कन्यादान सन्धि भी कहते हैं, क्योंकि इसमें विजित और विजयी में घनिष्टता बढ़ती है, जिसका लाभ दोनों को होता है। इसीलिए कहीं–कहीं इस सन्धि को सुवर्ण सन्धि भी कहते हैं।

9. **कपाल सन्धि :** जिस सन्धि में तत्काल ही सारा तय धन चुका देने की बाध्यता होती है, उसे कपाल सन्धि कहते हैं।

10. **दुरभि सन्धि :** गलत मंशा से किये सन्धि दुरभि सन्धि हैं, जिनमें ऐसे बूढ़े हाथी और घोड़े दिये जाते हैं, जिन्हें ऐसा जहर दिया गया रहता है कि जाने के बाद दो–चार दिन में ही मर जाते हैं।

11. **कोशोपनत सन्धि :** तय की गयी राशि का कुछ हिस्सा देकर बाद में कह दे कि इतने से ही सन्तोष करें या अब–तब करते हुए न देने की इच्छा से टालता जाये और शेष धन दे ही नहीं, तब उसे कोशोपनत सन्धि कहते हैं।

12. **आदिष्ठट सन्धि :** राष्ट्र और प्रकृति तथा जन समुदाय की रक्षा के लिए भूमि का कुछ भाग देकर सन्धि करे तब उसे आदिष्ट सन्धि कहते हैं। चालाक लोग उस भूमि पर गुप्तचरों और सैनिकों को बसा देते हैं जो बाद में उपद्रव करके उस से अलग होकर मूल राष्ट्र में मिल जाते हैं।

13. **उच्छिन्न सन्धि :** सारहीन भूमि को देकर पुनः वापस ले लेने की मंशा से जो सन्धि की जाती है, उसे उच्छिन्न सन्धि कहते हैं।

14. **अपक्रय सन्धि :** जिस सन्धि में भूमि की पैदावर को देकर छुड़ा लिया जाये, उसे अपक्रय सन्धि कहते हैं।

15. **परदूषण सन्धि :** जिस अपक्रय सन्धि में पैदावार के साथ और भी कुछ देना पड़े, उसे परदूषण सन्धि कहते हैं।

16. **भूमि उपनत सन्धि या देश उपनत सन्धि :** जिन सन्धियों में भूमि देने की बात होती है, उन्हें भूमि उपनत या देशोपनत सन्धि भी कहा जाता है।

सन्धि : श्रेष्ठ सन्धि

यद्यपि कि कौटिल्य अर्थशास्त्र राजा और राजतन्त्र तथा उसकी समस्याओं पर केन्द्रित पुस्तक है और वैसे ही सिद्धान्त दिये गये हैं, किन्तु कोई भी अपनी स्थिति का आकलन करके तद्नुसार आचरण करने हेतु चाणक्य के बताये मार्गों में से अपने लिए सही मार्ग का चुनाव कर ले। आजकल यह बहुत जरूरी हो गया है, क्योंकि बिना शत्रुता या पूर्व मित्र हुए ही धरती के सुदूर भागों के देश, संगठन, संस्थाएँ और व्यक्ति विभिन्न कार्यों के लिए और विभिन्न उद्देश्यों की पूर्ति के लिए कई तरह की सन्धियाँ कर रहे हैं, जिन्हें करार, इकारारनामा, समझौता या अनुबन्ध, एग्रीमेण्ट का नाम दिया जाता है अथवा सहयोग, कालेबोरेशन कहा जाता है। ये सब भी विविध रूपों में सन्धियाँ ही हैं।

1. **परिपणित और अपरिपणित सन्धि :** सन्धियों के दो प्रकार होते हैं : पहली परिपणित सन्धि जिसमें देश, काल और कार्य सम्बन्धी शर्तें होती हैं। दूसरी अपरिपणित सन्धि जिसमें देश, काल या कार्य की शर्त नहीं होती। इनमें उद्देश्य शुद्ध भी हो सकता है और दुष्टता भी भरी हो सकती है। इनके कई स्वरूप होते हैं।

थोड़े अन्तर से परिपणित सन्धि के सात भेद हो जाते हैं।

अगर केवल देश निश्चित हो, तब परिपणित देश सन्धि; जब काल निश्चित हो तब परिपणित काल सन्धि और जब कार्य निश्चित हो, तब परिपणित कार्य सन्धि कहा जाता है। अन्तिम सन्धि आजकल बहुत हो रही है। कोई कम्पनी हार्डवेअर का काम करती है और सहयोगी सॉफ्टवेअर का या एक ही के अलग–अलग हिस्से बाँटकर कार्य किये जा रहे हैं। वेबसाइट तैयार करने में भी कई तरह का आपसी सहयोग और अनुबन्ध किया जा रहा है। ऐसी कुछ चीजों को आउट सोर्सिंग का भी नाम दिया गया है।

इन पर विचार करने से आजकल की अधिकांश सन्धियाँ इसी में मिल जायेंगी।

सन्धि के धर्म

सन्धि के चार धर्म हैं। अकृत चिकिर्षा; कृतश्लेषण; कृत विदूषण और अवशीर्ण क्रिया।

1. **अकृत चिकिर्षा :** साम, दाम, दण्ड, भेद से नयी सन्धि करना और उसके अनुसार ही छोटे, बड़े तथा समान से अपने सभी अधिकारों का पूरा ध्यान रखना अकृत चिकिर्षा नामक सन्धि धर्म से जाना जाता है।
2. **कृतश्लेषण :** जो भी सन्धि या अनुबन्ध करें उसको अच्छे और हितकर आचरणों द्वारा बनाये रखना और पूर्व समझौतों के अनुसार सब शर्तों को पूरा करना कृतश्लेषण सन्धि धर्म कहा जाता है।
3. **कृत विदूषण :** द्रोहियों के साथ सन्धि करके अन्य सम्पन्न से सन्धि तोड़ लेना कृत विदूषण नामक सन्धि धर्म है।

4. **अवशीर्ण क्रिया :** किसी दोष के कारण बहिस्कृत कर्मचारी या मित्र के साथ फिर से सन्धि कर लेना अवशीर्ण नामक सन्धि धर्म है। अवशीर्ण सन्धि की क्रियायें चार प्रकार की होती हैं। इनका उद्देश्य भय या अपकार करना या बध करना या सचमुच कल्याण करना कुछ भी हो सकता है। इसलिए बहुत कुछ पता करके, बहुत विचार करके ऐसी सन्धि करनी चाहिए और उस पर दृष्टि भी रखी जानी चाहिए।

   क. किसी कारण विशेष से अलग होना और फिर किसी कारण विशेष से मिल जाना।

   ख. बिना कारण के ही अलग होना और बिना कारण ही मिल जाना।

   ग. किसी कारण विशेष से अलग होना और अकारण ही मिल जाना।

   घ. अकारण ही अलग होना और किसी कारण विशेष से मिल जाना।

किसे पुनः स्वीकार न किया जाये? जो आपका अपकार करके शत्रु के पास चला गया हो और बिना शत्रु का अपकार किये ही वापस आया हो; उसे कभी भी स्वीकार न किया जाये।

किसे छोड़ दिया जाये? चाणक्य के पूर्व के आचार्यों का मत है जिसे वे भी स्वीकार करते हैं कि जो कृतज्ञ न हो; जिसकी शक्ति गल गयी हो; जिस राज्य में वस्तु की तरह विद्या बिकती हो; जो निराश हो गया हो; जहाँ उपद्रव होते हों; ऐसे राज्य का परित्याग कर देना चाहिए। कौटिल्य थोड़ा संशोधन भी करते हैं कि जो डरपोक हो; क्रोधी हो और कार्य आरम्भ नहीं करता हो, केवल उसे ही त्याग दिया जाये।

विग्रह के धर्म
विग्रह के तीन धर्म हैं। प्रकाशयुद्ध; कूटयुद्ध और तूष्णीयुद्ध।

1. **प्रकाशयुद्ध :** किसी देश या समय को निश्चित करके जो युद्ध किया जाता है, वह प्रकाश युद्ध कहलाता है। महाभारत का युद्ध इसका ज्वलन्त प्रमाण है।

2. **कूट युद्ध :** थोड़ी सेना को ही बहुत दिखाकर या किसी और कारण से भय पैदा करना; किलों को जलाना; लूट—पाट मचाना; हत्याएँ आदि करवाना; कई स्थानों पर धावा बोलना और चीजें नष्ट करना कूटनीति कहलाता है। आजकल अधिकांश युद्ध ऐसे ही हो रहे हैं। इसे आजकल शीत युद्ध कहा जाता है।

3. **तूष्णी युद्ध :** विष आदि के प्रयोग और गुप्तचरों के माध्यम से विनाश कराना तृष्ण युद्ध कहलाता है। यह भी खूब हो रहा है और रासायनिक युद्ध कहलाता है।

विषम और सम सन्धि

1. **विषम :** विषम सन्धि के छः प्रकार हैं। एक : अधिक शक्तिशाली व्यक्ति को बराबर हिस्सा देकर सन्धि करना। दो : अधिक शक्तिशाली व्यक्ति को कम हिस्सा देकर सन्धि करना। तीन : हीन व्यक्ति को अधिक हिस्सा देकर सन्धि करना। चार : हीन व्यक्ति को बराबर हिस्सा देकर सन्धि करना। पाँचः समान शक्ति वाले व्यक्ति को कम हिस्सा देकर सन्धि करना। छः समान शक्ति वाले व्यक्ति को अधिक हिस्सा देकर सन्धि करना।

2. **सम सन्धि :** सम सन्धियाँ तीन प्रकार की होती हैं। एक : अधिक शक्तिशाली व्यक्ति को अधिक हिस्सा देकर सन्धि करना। दो : समान शक्ति वाले व्यक्ति को सम भाग हिस्सा देकर सन्धि करना। तीन : कम शक्ति वाले व्यक्ति को कम हिस्सा देकर सन्धि करना।

3. **अति सन्धि :** इन दोनों सन्धियों में जब अन्दाजा से अधिक लाभ हो जाये, तब अधि सन्धि कही जाती है। इस अति सन्धि के कारण वे नौ सन्धियाँ अठारह प्रकार की हो जाती है।

अन्य सन्धियाँ

1. **मित्र सन्धि :** मित्र से जो सन्धि की जाती है, वह मित्र सन्धि कहलाती है।

2. **हिरण्य सन्धि :** मित्र से धन लेने के लिए की गयी सन्धि हिरण्य सन्धि कहलाती है।

3. **भूमि सन्धि :** भूमि के लिए कि इस भूमि को हम मिलकर प्राप्त करें, जब मित्र से सन्धि हो, तब भूमि सन्धि संज्ञा से अभिहीत होती है।

4. **अनवसित सन्धि :** जब मित्र से मिलकर किसी उजड़ी जमीन पर उपनिवेश बसाने की सन्धि हो, तब अनवसित सन्धि है।

5. **कर्म सन्धि :** आप और हम मिलकर दुर्ग बनायें या व्यवसाय करें या इसी तरह के कार्य हेतु जो सन्धि होती है, वह कर्म सन्धि है।

मित्र और उनके गुण

मित्र छः प्रकार के होते हैं। नित्य; वश्य; लघूत्थान; पितृ–पैतामह; महत् और अद्वैध्य।

1. **नित्य :** पुराने सम्बन्धों के कारण जब एक–दूसरे की रक्षा करते हैं, तब वे नित्य मित्र कहे जाते हैं। जो मित्र का उपकार तो न करे, किन्तु उसके शत्रुओं की लूट–मार करके अपनी जीविका चलाता हो, वह हीन नित्य मित्र होता है।

2. **वश्य :** वश्य मित्र तीन प्रकार के होते हैं। एक : जो सब तरह से शक्ति, धन, ज्ञान, भूमि आदि सबसे; वह सर्व भोग मित्र है। दो : जो रत्न, वृक्ष, भूमि से सहायता करे वह चित्र भोग मित्र कहलाता है। तीन : जो केवल

शक्ति और धन से सहायता करे वह महा भोग मित्र है।

अनर्थ निवारण की दृष्टि से वश्य मित्र के तीन भेद होते हैं : *एकतो भोगी; उभयतोभोगी और सर्वतोभोगी।*

जो अपने पर विपत्ति आने के कारण मित्रता करता हो, वह नित्य मित्रता हीन वश्य मित्र कहलाता है।

उपकारक होने के कारण वह वश्य है और अपनी उन्नति काल तक ही मित्रता रखने के कारण वह अनित्य है।

3. **लघूत्थान :** जो थोड़े काल के लिए हो या किसी विशेष कार्य के लिए ही वह लघूत्थान मित्र कहलाता है।

4. **पितृ-पैतामह :** जिससे पारिवारिक और पुश्तैनी मित्रता हो, वह पितृ–पैतामह मित्र कहलाता है।

5. **महत् :** जिसकी मित्रता स्थायी है और आध्यात्मिक उत्थान में सहायक है, वह महत् मित्र है।

6. **अद्वैध्य :** जो मित्र के सुख–दुःख को समान रूप से अनुभव करे; सदा उपकार करने वाला हो; जो कभी विमुख न हो और जो विपत्ति में साथ न छोड़े वह वह अद्वैध्य मित्र है।

ऐसे मित्र का नित्य सम्बन्ध होने के कारण उसको मित्रभावी भी कहते हैं।

जो मित्र का भी और उसके शत्रु का भी उपकार करे या भय से किसी का उपकार न करे या दोनों का सेवक बना रहे, वह उभयभावी मित्र कहलाता है।

इसलिए सभी बातों पर स्थिर चित्त से विचार करके ही मित्रता करनी चाहिए :

एवं दृष्ट्वा ध्रुवे लाभे लाभांशे च गुणोदयम्।
स्वार्थ सिद्धिपरो यायात् संहितः सामवायिकैः।

कहाँ और किस चीज का व्यापार करें ?

हाथी और घोड़ों के व्यापार का समय चला गया, क्योंकि जंगल ही नहीं बचे हैं और यातायात के अन्य वाहन बहुतायत में उपलब्ध हैं। फर्क इतना ही है कि पेट्रोल आदि के समाप्त हो जाने पर ये वाहन नये होकर भी बेकार हो जायेंगे, जबकि घास–पात से अधिक का व्यय उन प्राकृतिक जीवों पर नहीं था। प्रचार यही बता रहा है कि वाहन का व्यापार आज भी लाभप्रद है, किन्तु दुर्घटनाएँ और असंख्य असमय मौतों तथा अपंगों की नयी बड़ी फौज के कारण इनकी उपयोगिता पर ही प्रश्न उठने लगा है। आखिर कितनी मौतें प्रतिदिन झेली जा सकती हैं।

द्वितीय श्रेष्ठ व्यवसाय सुवर्ण, चाँदी और रत्नों का माना गया है। कुछ प्राचीन चिन्तकों के अनुसार अनुपम और कीमती थोड़े रत्न देने वाले खान साधारण ज्यादा

रत्न देने वाले खानों से उत्तम हैं, किन्तु चाणक्य का मत है, कि मूल्यवान वस्तुओं का खरीददार बहुत दिनों बाद कोई बिरला ही मिलता है, जबकि साधारण रत्नों को खरीदने वाले हर समय हर जगह मिल जाते हैं।

अल्प अवधि में तय कर लिये जाने वाले मार्गों की अपेक्षा उन मार्गों को प्रमुखता दी जानी चाहिए, जिन मार्गों पर अच्छी और घनी बस्तियों वाले नगर बसे हों और जहाँ अच्छे व्यापार की सम्भावना हो। किन्तु माल वाहक वायुयानों; रेल गाड़ियों और ट्रकों के आ जाने से स्थानीय व्यापारी ज्यादा हो गये हैं और उन्हीं के माध्यम से सुदूर प्रान्तों, नगरों और देशों के व्यापारी व्यापार करते हैं। फिर इनमें भी होड़ है कि कोई शीघ्र सामान पहुँचाता है और कोई सस्ती ढुलाई करता है।

आज भी जलमार्ग से व्यापार अच्छा माना जाता है और सस्ता पड़ता है। जलमार्ग भी दो प्रकार का होता है। एक तो वह जिसके किनारे–किनारे नगर बसे हैं और खरीद–बिक्री निरन्तर करते हुए आगे बढ़ा जाता है। दूसरा मार्ग वह है, जो सीधे किसी निश्चित बन्दरगाह पर ले जाता है।

स्थलमार्ग भी दो प्रकार के होते हैं। दक्षिण की ओर जाने वाली और उत्तर की ओर जाने वाली सड़कें। यात्रा की सुविधा और जनसंख्या की दृष्टि से उत्तर की ओर जाने वाली सड़के सदा लाभप्रद हैं।

उत्तर पथ पर विभिन्न वस्तुओं की माँग भी है और अनेक वस्तुएँ जैसे कस्तूरी, हाथीदाँत, मोती, मूँगा, चाय, चाँदी और सुवर्ण सुलभ हैं।

परन्तु चाणक्य की यह उक्ति भी विचारणीय है कि यद्यपि कि कंबल, चमड़ा और घोड़े आदि दक्षिणापथ पर नहीं बिकते किन्तु शंख, हीरा, मणि, मोती, सुवर्ण की अच्छी माँग है।

इन दोनों में श्रेष्ठ मार्ग वही है, जिसका व्यापार कोई करता है। अपने व्यापार के अनुरूप ही मार्ग का चयन होना चाहिए। आप यात्रा कहाँ से आरम्भ करते हैं, उसके अनुसार भी मार्ग का चयन होना चाहिए।

इसी तरह पूर्वी और पश्चिमी मार्गों के सम्बन्ध में भी समझना चाहिए।

थोड़ी आय और अधिक खर्च हो, तब क्षय समझना चाहिए और ठीक इसके विपरीत वृद्धि समझनी चाहिए :

अल्प आगम अति व्ययता क्षयोः वृद्धि विपर्यये।

खर्च नियन्त्रित करके और अच्छे लाभप्रद कार्य करके ही सब तरह से आगे बढ़ा जा सकता है।

पार्ष्णि–ग्रह चिन्तन

किसका साथ ग्रहण किया जाये? यह हर काल की ज्वलन्त समस्या रही है। आज जब सब अपने उत्पाद को, माँग को और मुनाफा को बहुत बढ़ा–चढ़ाकर प्रचारित कर

रहे हैं, तब यह और भी बड़ी समस्या हो गयी है कि किसके उत्पाद को बेचा जाये अथवा किसको अपना उत्पाद बेचने के लिए दिया जाये। कहीं भुगतान अटक जा रहा है और कहीं उत्पाद पड़ा रह जा रहा है। कोई भी चीज सुचारु रूप से नहीं चल रही है। प्रतिवर्ष अनेक व्यवसायी आपूर्त्ति से हटाये जाते हें और ठीकेदारों की भाँति काली सूची में डाल दिये जाते हैं। किन्तु स्थिति यह है कि वे ही अपनी कम्पनी का नाम बदलकर फिर उसी कार्य में लग जाते हैं। पुराने नाम में केवल 'द' या 'न्यू' जोड़ देने से पुनः पंजीकरण हो जा रहा है। कम्प्यूटर पर तो केवल पूर्ण विराम या हाइफन से यह काम हो जा रहा है। वर्ण भी बदलने से पंजीयन सम्भव है।

किसी संगठन के बाजार के जो सर्वेसर्वा या क्षेत्रीय निदेशक हैं, वे भी मिलकर काम कर रहे हैं, और चुनाव सही नहीं होता। थोड़े तथा तात्कालिक लाभ के लिए भी गलत फैसले लिये जा रहे हैं। मुनाफा का भी अब प्रतिशत नहीं जोड़ा जाता, ग्राहक की क्षमता के अनुरूप कीमत तय की जाती है। सरकार ने सर्वाधिक खुदरा मूल्य, उत्पाद पर छापने के लिए कहा। इससे भी उपभोक्ता लूटे जा रहे हैं, क्योंकि एम. आर. पी. आकाश पर चढ़ा दिया गया है। खुदरा बिक्रेता को अत्यधिक लाभ दिखाकर माल निकाला जा रहा है। आज किसी भी शहर में खुदरा बिक्रेता के पास और माल रखने के लिए जगह नहीं है। कपड़ों की स्थिति यह है कि सभी के दुकानों के सामने प्रतिदिन कुछ गाँठ पड़े दिखते हैं, जो खोले तक नहीं जाते।

एक और भी विचारणीय स्थिति आ गयी है कि सभी स्थानीय थोक विक्रेता उधार पर सामान लाते हैं और उधार ही बेचते हैं। वसूली के लिए तय समय के अनुसार बिक्री का कुछ भाग प्रतिदिन या प्रति सप्ताह वसूलते हैं। बाजार कितना अनिश्चित हो गया है! जिन गाड़ियों की बहुत बिक्री की चर्चा होती है, उनको पंचानबे प्रतिशत कर्ज पर बेचा जाता है।

इसलिए केवल उसी का साथ पकड़ना है, जो सभी तरह से सम्पन्न हो। व्यापार में झूठ के लिए स्थान नहीं होता और आजकल बहुत कम व्यवसायी सच बोल रहे हैं। इसने भी स्थिति को बहुत विकृत कर रखा है। पहले जो उत्पाद बनते थे, वे बहुत दिनों तक चलने वाले थे; अभी जो उत्पाद बन रहे हैं, वे केवल तीन से पाँच वर्षो के लिए ही चल पाने वाले हैं। कम्प्यूटर में तो प्रतिवर्ष बदल जाने वाली चीजें डालीं गयीं हैं। स्थिति यह है कि जो एण्टी–वायरस बनाकर बेचते हैं, वे ही उत्पाद की बिक्री के लिए वायरस बनाकर फैलाते हैं और तुर्रा यह कि प्रत्येक चौबीस घण्टों बाद एण्टी–वायरस आउट ऑफ डेट हो जायेगा, उसे अप–डेट करना होगा यानी बिना इण्टरनेट कनेक्शन लिए कोई भी कम्प्यूटर नहीं चला सकता। जो उपभोक्ता के पास है, उसके खराब होने पर वह ठीक नहीं करा सकता है, क्योंकि उसमें बदली जाने वाली चीजें दुबारा बाजार में नहीं आतीं। यह भी छल है।

व्यवसाय में उत्पादक, वितरक, विक्रेता और उपभोक्ता सबको लाभ होना चाहिए, किन्तु ऐसा होता नहीं। एक हफ्ते चल जाने पर गाड़ियों की कीमत आधी हो जा रही

है। घर में आ जाने के बाद इलेक्ट्रॉनिक के सामानों की कोई कीमत ही नहीं रहती। कहीं कोई नियम नहीं; कहीं कोई स्थायित्व नहीं, दिखलायी पड़ रहा है।

न तो विश्वयुद्धों के समय और न उनके बाद ऐसी स्थिति कभी नहीं थी। जीवन एक निश्चित गति पर चल रहा था। इतनी अनिश्चितता नहीं थी। आज न जीवन में स्थिरता है और न बाजार में। छपे धन की कीमत 90 प्रतिशत तक गिर गयी है। शेष धन की कीमत उतनी ही बढ़ गयी। जैसे–जैसे खेती के उपजाऊँ गोंयड़ा जमीन पर मकान उठते जा रहे हैं, जमीन की कीमत तीन हजार प्रतिशत तक बढ़ गयी है। किसी के जान की कोई कीमत नहीं है। जानवर और पक्षी तो समाप्त ही हो गये, आदमी हर जगह विभिन्न रूपों में मारा जा रहा है। अखबार और दूरदर्शन उन्हीं खबरों से अटे पड़े हैं। मृतकों पर शोक मनाने वाला कोई नहीं है। जब हर गाँव और शहर के हर मार्ग पर हथियार और गाड़ियाँ, विषाक्त नशीली वस्तुएँ और जहरीली शराब, क्रोध, लिप्सा और द्वेष है, तब कहीं कोई भी सुरक्षित नहीं। सुरक्षा और सुरक्षाकर्मियों की बड़ी चर्चा है, किन्तु जब अमेरिका के रक्षा केन्द्र पेण्टागन पर बम बरस सकते हैं और उनके राष्ट्रपति पर जूते चल सकते हैं, तब किसी और की क्या अहमियत है?

इस सुरक्षा को ध्यान में रखकर शत्रु–शिविर में अपने आदमी रखे जाते थे। वे तीन प्रकार के होते थे : *शत्रु के समीपवर्ती; शत्रु के सन्निकट* और *शत्रु के पार्श्ववर्ती*। तब खुले में युद्ध होते थे, युद्ध के मैदान में युद्ध होते थे और व्यायाम युद्ध कहे जाते थे। फिर भी मन्त्र युद्धों को प्राथमिकता दी जाती थी, जिसमें बिना लड़े ही बुद्धि से शत्रु का विनाश कर दिया जाता था। अब छिपकर मारा जाता है; सोये में मारा जाता हैं। आज का कायर मानव बच्चों को अगवा करके धमकाता है; अपहरण का खेल खेलता है और चुपके से बम लगा आता है।

तब मन्त्र–युद्ध को सर्वश्रेष्ठ माना जाता था : ***मन्त्र-युद्धाद्-अभि-उच्चयः***। मन्त्र को और मन्त्रणा को छिपाकर रखना ही श्रेयस्कर है। चाणक्य के अनुसार जो मन्त्रों और मन्त्राणाओं की रक्षा नहीं कर पाता, उसका विनाश हो जाता है। समुद्र में जहाज के फटने से जो दशा सवारों की होती है, मन्त्र के फूट जाने से वही दशा राजा की होती है :

असंवृतस्य कार्याणि प्राप्तान्यपि विशेषतः।
निस्शंयं विपद्यन्ते भिन्नप्लव इवोदधौ।

शक्ति–संचय के साधन

उत्पादन आदि में लगे व्यवसायी अगर अधिकाधिक मित्र वितरक नहीं बना पायेंगे तब व्यवसाय का चलना और वृद्धि होना सम्भव नहीं है।

शक्ति–संवर्धन का एक श्रेष्ठ मार्ग विद्वान्ों का संग्रह है। जिनके पास विद्वान् मित्र या कर्मचारी या मार्गदर्शक होते हैं, उनका व्यय घटता जाता है और आय में उत्तरोत्तर वृद्धि होती है। विद्वान् नये उत्पाद और उनके निर्माण का रहस्य भी बताते हैं।

अन्न के उत्पादन में लगे लोगों को केवल वर्षा पर निर्भर न रहकर बाँध और जलाशयों का निर्माण कर ज्यादा उपज प्राप्त करनी चाहिए। सर्वाधिक आमदनी का साधन खान है।

आमदनी में जंगल उसके बाद आते हैं। जिसके पास जंगल और बाग हैं, उसकी आमदनी कम श्रम पर ही अत्यधिक होती है।

पशुओं से आमदनी भी आसान है, किन्तु कम ही हो, मगर श्रेष्ठ धन की प्राप्ति खेती से ही सम्भव है, क्योंकि वही सबको जीवित रखता है। मानव अन्न, फल, साक–सब्जी, कन्द–मूल के बिना जीवित नहीं रहेगा, वही उसका भोजन है।

विलासिता की हर वस्तु विनाशक है। किसी में भी पेट भरने की शक्ति नहीं है। आज भी हर व्यावसायिक संगठन कहीं न कहीं अपना खेत रखे हुए है और एक बंगला बनवा रखा है कि अन्न की कमी पड़ने पर वहाँ शरण लें, जबकि कहा यह जाता है कि गरमी के दिनों के लिए ये बनाये गये। धनी खिलाड़ी, अभिनेता और गायकों तथा नेताओं आदि सभी के पास खेती की जमीन है। जमीन अगर नहीं है, तब खेतिहर मजदूर के पास नहीं है। जो थोड़ी है, वह बैंकों के पास गिरवी है।

कोई भी अपने पक्ष के बन्धु, मित्र, विद्या, वृद्ध पुरुषों की संगति से द्रव्य और बल अर्जित कर शक्ति–संचय करता रहे :

एवं पक्षेण मन्त्रेण द्रव्येण च बलेन च।
सम्पन्नः प्रति निःगच्छेत् पर अवग्रहं आत्मनः।

शास्त्रज्ञ प्रशासक के लिए यह आवश्यक है कि वृद्धि, क्षय, स्थान, कर्षन और उच्छेदन तथा साम, दाम आदि उपायों का प्रयोग खूब सोच–समझकर करें :

बुद्धिं क्षयं च स्थानं च कर्शन उच्छेदनं तथा।
सर्व-उपायान् समादध्याद् एतान् यः च अर्थशास्त्रवित्।

जो प्रशासक इन गुणों का विचारपूर्वक उपयोग करता है, वह निश्चित ही अपनी बुद्धिमता रूपी श्रृंखला में बाँधे हुए अन्य राजाओं के साथ इच्छानुसार खेल सकता है :

एवं अन्यो अन्य संचारं षाड्गुण्यं यो अनुपश्यति।
स बुद्धिनिगलैः बद्धै अरिष्टं क्रीडति पार्थिवैः।

8

आठवाँ अधिकरण : व्यसनाधिकारिक

व्यसन और प्रतिकार

'व्यसन' का शव्दार्थ ही है, जो कल्याण मार्ग से अलग कर दे। व्यसन वह है, जिसमें गुणों में प्रतिकूलता होती है; गुण अनुकूल नहीं होते; गुणों का अभाव हो जाता है; गुणों का अनुचित उपयोग होने लगता है; दोषों की अधिकता आ जाती है; विषयों में अधिक आसक्ति आ जाती है; फलतः शत्रुवर्ग तरह–तरह से पीड़ित करने लगता है।

मानुष और दैवी दोनों व्यसन अनय और अपनय से उत्पन्न होते हैं। सन्धि आदि की उचित व्यवस्था न करना 'अनय' है और शत्रुओं से पीड़ित होते रहना 'अपनय' कहलाता है। जिस तरह का व्यसन बढ़ा है उसके विशेष गुणों के अनुरूप ही उसे दूर करना चाहिए। अगर एक व्यसन के कारण अन्य अवस्थाओं पर प्रभाव पड़ रहा हो, तब पहले उसे दूर करना चाहिए।

व्यसन से उत्पन्न कोप दो तरह का होता है : आभ्यान्तर और बाह्य। आभ्यान्तर कोप बाह्य कोप की अपेक्षा अत्यधिक अनर्थकारी होता है।

अन्ध शास्त्र, जिसने शास्त्रों का अध्ययन नहीं किया है और *चलित शास्त्र,* जिसने शास्त्रों का अध्ययन कर लिया है, किन्तु तद्नुरूप आचरण नहीं करता है। अपने–अपने ढंग से दोनों ही अनिष्ट को निमन्त्रण देते हैं।

व्यसन भी व्याधि ही है। अगर उसमें अहंकार जुट गया, तब स्वेच्छाचार बढ़ता है और विनाश उपस्थित हो जाता है।

अशिक्षित व्यक्ति व्यसनी हो जाते हैं, क्योंकि वे व्यसन के दोषों को नहीं समझते। कोप से उत्पन्न होने वाले तीन दोष हैं, जिन्हें 'त्रिवर्ग' कहा जाता है और काम से उत्पन्न होने वाले चार दोष हैं, इसलिए उन्हें 'चतुर्वर्ग' कहा जाता है। दोनों ही दोष भयावह हैं, किन्तु क्रोध का दोष अत्यधिक भयावह होता है।

कोपजन्य त्रिवर्ग : वाक्यपारुष्य; अर्थदूषण और दण्डपारुष्य। किसी की जीविका मारना अर्थदूषण है। अर्थदूषण चार प्रकार का होता है : *अदान* : कार्य करने पर भी वेतन न देना। *आदान* : दण्ड देकर धन ले लेना। विनाश : पीड़ा पहुँचाना और व्यवसाय नष्ट कर देना। *अर्थत्याग* : रक्षा योग्य अर्थ की रक्षा न करना।

कामजन्य चतुर्वर्ग : शिकार, जुआ, स्त्रीरतता; मदिरापान। ये सभी हानिकारक हैं। यह व्यक्ति की स्थिति पर निर्भर है कि इनमें से कौन उसे अत्यधिक हानि पहुँचाते हैं?

दोषों की अधिकता के कारण ही काम और क्रोध को निकृष्ट व्यसन माना गया है। इसलिए काम और क्रोध का जितेन्द्रिय बनकर पूर्णतया परित्याग आवश्यक है। इनके रहते विकास या वृद्धि की सम्भावना नहीं है :

तस्मात् कोपं च करमं च व्यसन आरम्भं आत्मवान।
परित्येज मूलहरं वृद्धसेवी जितेन्द्रियः।

पीडनवर्ग

राष्ट्र पर, समाज पर और व्यक्ति पर आने वाली दैवी विपत्तियाँ पाँच प्रकार की होती हैं।

1. अग्नि से विनाश
2. जल से विनाश
3. व्याधि से हानि
4. दुर्भिक्ष से मृत्यु
5. महामारी का प्रकोप

स्तम्भ वर्ग

स्तम्भ दो प्रकार का होता है : *आभ्यान्तर* और *बाह्य*।

कोशसंग वर्ग

भाँति–भाँति के गबन और घोटाले 'कोषसंग' की श्रेणी में आते हैं।

प्रशासक, निर्देशक, अध्यक्ष का कर्तव्य है कि सुख, समृद्धि, शान्ति और आनन्द के लिए पीड़न वर्ग को आने ही न दे। अगर आ जाये तब उसका यथाशीघ्र निवारण करे। यह उसका सबसे बड़ा उत्तरदायित्व है, क्योंकि वही विचार कर सकता है और निर्णय ले सकता है।

कर्मचारियों के प्रकार और कमजोरियाँ

कौटिल्य अर्थशास्त्र में अनेक बातें आश्चर्यजनक हैं, किन्तु सर्वाधिक आश्चर्य पैदा करने वाला है कर्मचारियों का चाणक्य द्वारा मनोवैज्ञानिक विश्लेषण। कहते हैं कि आधुनिक मनोविज्ञान बहुत आगे बढ़ा हुआ है, किन्तु यह देखकर तो लगता है कि पश्चिमी मनोविज्ञान को अभी सदियों लग जायेंगे, उस प्राचीन स्तर को पाने में।

कर्मचारियों की मनःस्थिति और उनके साथ हुए व्यवहार को ध्यान में रखते हुए चाणक्य ने निम्नलिखित 34 वर्गीकरण निश्चित किया हैं और यह भी बताया है कि किससे, किस प्रकार कार्य लिया जा सकता है। आज सैनिक और कर्मचारी, यहाँ तक

की छात्र, अधिकारियों और साथियों की हत्याएँ ही नहीं आत्महत्याएँ भी कर रहे हैं। क्या प्रशासकगण इसे पढ़कर इस ओर ध्यान देंगे? यह तभी सम्भव है जब पूरे चिन्तन मनन के पश्चात् कर्मचारियों के भरने के लिए प्रश्न तैयार किये जायें और उत्तर देने के लिए कहा जाये। प्रश्नों का मिश्रण कुछ ऐसा हो कि आसानी से पकड़ में न आये कि आखिर व्यवस्था चाहती क्या है? ऐसा इसलिए कि अलग—अलग खोज—बीन करना सरल कार्य नहीं है।

1. अमानित, असत्कृत और विमानित, तिरस्कृत में अमानित सत्कार पाने के बाद उत्साह के साथ कर्म में रत हो जाते हैं, किन्तु तिरस्कृत का क्षोभ सदा बना रहता है। वह अन्दर ही अन्दर जलता या घुटता रहता है।

2. अभृत, जिसे वेतन न दिया गया हो और व्याधित, रोगी जिसमें अभृत का देय दे देने पर कर्मरत हो जाता है, किन्तु रोगी अक्षम ही रहता है।

3. नवागत, नयी नियुक्ति और दूरागत, जो दूर से आया हुआ है, या आजकल की स्थिति में प्रतिदिन दूर से आने वाला। इन दोनों में नवागत श्रेष्ठ है, क्योंकि वह सीखकर अपनी क्षमता प्रमाणित और स्थापित करना चाहता है, किन्तु दूरागत निश्चित रूप से थका हुआ रहता है।

4. परिश्रान्त, थके हुए और परिक्षीण, योग्यता में हीन। जो थका हुआ है, वह विश्राम पाकर तरोताजा हो जा सकता है, किन्तु अयोग्य कार्य को कभी भी सही ढंग से पूरा कभी नहीं कर सकता है।

5. प्रतिहत, पराजित और हताग्रवेग, हतोत्साहित। जो पराजित है वह पराजय को विजय में बदलने के लिए ज्यादा ध्यान और कुशलता से कार्य कर सकता है, किन्तु जो जीवन में हतोत्साहित है, उसका उत्साह वापस लौटना कठिन है।

6. अनृतुप्राप्त, जिसे सही समय और समुचित कार्य नहीं मिला; अभूमिप्राप्त, जिसे कार्य करने के लिए सही क्षेत्र नहीं मिला। इसमें अनृतुप्राप्त समय और साधन पाकर अच्छा परिणाम दे सकता है, किन्तु जो गलत क्षेत्र में फँस गया है, वह कुछ विशेष करने में असमर्थ है।

7. आशानिवेदी, आशारहित, निराश और परिसृप्त, नेतृत्वविहीन। इन दोनों में से निराश कर्मचारियों में आशा का संचार करना होगा और जो नेतृत्वविहीन है, उसे योग्य प्रबन्धक के तहत कार्य नये सिरे से आरम्भ करना होगा।

8. कलत्रगर्ही, निन्दा करने वाला और अन्तःशल्य, अन्दर से शत्रुता रखने वाला। कलत्रगर्ही को प्रसन्न करके कार्य लिया जा सकता है, किन्तु अन्तःशल्य कभी भी घात कर सकता है।

9. कूपितमूल, क्रोधित और भिन्नगर्भ, आपस में वैर रखने वाला। इन दोनों में कुपित को प्रसन्न किया जा सकता है किन्तु जो कर्मचारी आपस में बैर रखते हैं, उनसे श्रेष्ठ कार्य की आशा व्यर्थ है।

10. अपसृत, दूसरे अध्यक्ष से कष्ट पाये हुए कर्मचारी और अतिक्षिप्त, कई लोगों के द्वारा सताये हुए कर्मचारी। इनमें अपसृत को सम्भाला जा सकता है, किन्तु कई के द्वारा प्रताड़ित अपने दर्द नहीं भूला पाता।

11. उपनिविष्ट, शत्रु के क्षेत्र में कार्य करने वाले; समाप्त, शत्रु से मिल जानेवाले। उपनिविष्ट संघर्ष के कारण अनुभवी हो जाते हैं, किन्तु समाप्त कर्मचारी किसी काम के नहीं होते।

12. उपरुद्ध, एक ओर से घिरे हुए, और परिक्षिप्त, हर ओर से घिरे हुए। एक ओर से घिरे या कम समस्याओं में फँसे कार्य कर सकते हैं, किन्तु हर ओर से घिरे हुए अपनी योग्यता का अर्द्धांश भी नहीं दिखा सकते।

13. छिन्नधाय जिसका अपने कुछ लोगों से सम्बन्ध टूट गया हो और विछिन्न पुरुष जिसका अपने लोगों से हर तरह का सम्बन्ध टूट गया हो। कुछ नये सम्बन्ध बनाकर छिन्नधाय अपने मन पर नियन्त्रण कर सकता है, किन्तु दूसरा उसी चिन्ता में डूबा रह जाता है।

14. स्वविक्षिप्त, जो अपने ही क्षेत्र में इधर–उधर नाच रहा हो और मित्रविक्षिप्त, जो कई स्थानों पर बिखरे हों। जो क्षेत्र–विशेष में हैं, वे संगठित प्रयास कर सकते हैं, किन्तु कई स्थानों पर बिखरे हुए होने पर एक–दूसरे के सहायक नहीं हो सकते।

15. दुष्ययुक्त, द्रोहियों से सम्बद्ध और दुष्ट पार्ष्णिग्राह, जिसके पीछे शत्रु लगे हों। द्रोहियों से सम्बद्ध अपने भविष्य की सोचते हुए कार्य कुशलता से करता रह सकता है, किन्तु जिसके पीछे शत्रु लगे हैं, वह भय में कुशलता से कार्य नहीं कर सकता।

16. शून्यमूल, प्रधान कार्यालय के थोड़े से कर्मचारी; अस्वामि संहत, प्रशासक विहीन कर्मचारी। इसमें थोड़े लोग आवश्यकता पड़ने पर अन्य को कार्य में लगाकर समय से कार्य पूरा कर सकते हैं, किन्तु नायकहीन कर्मचारी कुछ भी समय पर करने में असमर्थ हैं।

17. भिन्नकूट, अध्यक्ष रहित कर्मचारी, अन्ध, कार्यालय के कार्य और उसकी कार्य संस्कृति से अनभिज्ञ। भिन्नकूट किसी निदेशक या प्रबन्धक के अधीन भी अच्छी कार्य–कुशलता दिखा सकते हैं, किन्तु अनभिज्ञ को कुछ पता ही नहीं चलता।

अपने कर्मचारियों को जानें कि वे मनोवैज्ञानिक संकट में तो नहीं हैं; फिर उन्हें उबारें।

मित्र – व्यसन

अनेक कारणों से किसी विशेष समय में मित्र साथ छोड़ देता है या धोखा दे देता है। इसे मित्र–व्यसन के रूप में जाना जाता है। कभी धन के लोभ में; कभी प्रतिष्ठा के लिए, कभी ईर्ष्या से और कभी बदला लेने की भावना से मित्र ऐसा कर जाते हैं। उन्हें पुनः मित्र बनाना अपने को खाई में गिराना है। ऐसे मित्रों से सम्बन्ध टूट जाये, वही अच्छा है। ऐसा होता है, इसलिए मित्र पर भी, उसके बदले स्वभाव, हाव–भाव और शब्द–प्रयोग पर ध्यान देकर पहले से ही सतर्क हुआ और बचा जा सकता है।

9

नौवाँ अधिकरण : अभियास्यत्कर्म

शक्ति

किसी भी व्यक्ति की केवल व्यक्तिगत दैहिक और आत्मिक शक्ति ही वास्तविक शक्ति नहीं होती। उसकी शक्ति में उसके कोष की थोड़ी शक्ति, उसके सम्बन्धियों और मित्रों की थोड़ी–थोड़ी शक्ति; उसके गुरुओं और मन्त्रणा देने वालों की भी थोड़ी–थोड़ी शक्ति; उसके कर्मचारियों की शक्ति और अन्य निकटस्थ और दूरस्थ लोगों की थोड़ी–थोड़ी शक्तियाँ मिलकर उसकी वास्तविक शक्ति होती है। इनमें जिन शक्तियों का वह उपयोग नहीं कर पाता, वे शक्तियाँ कम हो जाती हैं।

जो उसकी आन्ताकि शक्तियाँ हैं, उनमें केवल ज्ञान और अनुभव ही नहीं आता, उसमें इच्छा–शक्ति भी आती है; उसकी आस्था रहती है, उसका प्रभाव और उत्साह रहता है।

अन्य आचार्यों का मत है कि उत्साही व्यक्ति प्रभावशाली को भी जीत लेता है, किन्तु कौटिल्य के अनुसार प्रभावशाली व्यक्ति उत्साही को अपने प्रभाव से पराभूत कर देता है। किन्तु वे यह भी मानते हैं कि प्रभाव शक्ति से श्रेष्ठ मन्त्र–शक्ति और मन्त्रणा–शक्ति श्रेष्ठ है।

अपनी सम्पूर्ण शक्ति को और आवश्यकता पड़ने पर उपयोग में आ सकने वाली अपनी शक्ति को पहचान कर, समझ कर, तौलकर ही किसी बड़े निश्चय को लेना चाहिए। सही आकलन पर कुछ शक्तियों का उपयोग नहीं होने पर भी सफलता मिलेगी, किन्तु गलत आकलन पर सारी शक्तियों के एकजुट होने पर भी असफलता ही हाथ आती है, क्योंकि आवश्यकता और उपलब्धता में किसी का भी आकलन सही नहीं हुआ।

देश

देश शब्द का प्रयोग पृथ्वी या पृथ्वी के किसी विशेष हिस्से के लिए प्रयुक्त होता है। हिमालय से लेकर दक्षिण समुद्र तक का क्षेत्र 'चक्रवर्ती क्षेत्र' कहलाता है। इस पर शासन करने वाला चक्रवर्ती राजा कहलाता है। इसके किसी विशेष वस्तु के विनिमय व्यवसाय करने वाला भी एकछत्र अधिकारी कहा जाता है। इसका कारण इस भौगोलिक क्षेत्र की विविधता और सम्पूर्णता है। यहाँ की जलवायु, उत्पादन और

आवश्यकता में बहुत भिन्नता है। स्थिति यह है कि इस भू–भाग में 20 मील यानी 32 किलोमीटर पर पानी का स्वाद बदल जाता है और 40 मील यानी 64 किलोमीटर पर भाषा बदल जाती है। इसमें सदाबहार हरे–भरे भाग से लेकर पहाडी क्षेत्र; अत्यधिक उपजाऊ क्षेत्र, जलमग्न क्षेत्र, रेगिस्तानी क्षेत्र, पठार और सामुद्रिक क्षेत्र हैं।

वस्तुतः यह उत्तरी गोलार्द्ध में 8' उत्तर से 37' उत्तर तक फैला है जिसके कारण इसके उत्तर में अत्यधिक ठण्ड से लेकर दक्षिण में अति गरम स्थान तक हैं। इसी कारण यह एक लघु विश्व बन जाता है, क्योंकि सम्पूर्ण विश्व में जो भी प्राप्त है, उपजता है, खाया या पहना जाता है, वह सब इस लघु भू–भाग में उपलब्ध है। विविध रूप, विविध रंग, विविध वस्त्र, बोली, व्यवहार, जीवनशैली ही इसकी मूल विशेषता है।

इन्हीं सुविधाओं और असुविधाओं को 'देश' रूपी भू–भाग को उत्तम, अधम या मध्यम की संज्ञा से अभिहित किया जाता है।

अपने देश और जहाँ व्यापार करना या फैलाना है, उसका आकलन करके, उसकी आवश्यकताओं एवं चीजों पर स्थिरता से विचार करके ही किसी क्षेत्र–विशेष में व्यापार आरम्भ करना चाहिए। तभी सफलता मिल सकती है। अन्यथा इसी अज्ञानता से पराभव भी हो जा सकता है।

काल

'काल' के तीन विभाग हैं : सरदी, गरमी और वर्षा। काल के ये सभी भाग रात, दिन, पक्ष, मास, ऋतु, अयन, संवत्सर और युग आदि नामों और उनकी विशेषताओं से युक्त हैं या उनमें विभाजित हैं। इनमें प्राप्त होने वाली सुविधाओं और असुविधाओं को ध्यान में रखते हुए ही किसी ऋतु को उत्तम, अधम या मध्यम की संज्ञा से अभिहित किया जाता है।

यों तो विभिन्न आचार्यों ने देश, काल और शक्ति को अलग–अलग महत्त्वपूर्ण बताया है, किन्तु व्यापार आदि कार्यों में तीनों को समान महत्त्व देते हुए ही विचार कर कार्य आरम्भ करना चाहिए, क्योंकि केवल एक से जीवन नहीं चलता। जीवन पर इन तीनों का असर देखा और पाया जाता है। इन तीनों पर विचार करके निर्णय लेने वाला ही सन्तुलित निर्णय ले सकता है और शीघ्र सफलता पा सकता है।

लाभ

लाभ के बारह विशिष्ट गुण हैं : आदेय; प्रत्यादेय; प्रसादक; प्रकोपक; हस्तकाल; तनुक्षय; अल्पव्यय; महान्; वृद्ध; उदय; कल्प; धर्म्य; और पुरोग।

1. **आदेय :** जिस लाभ को बड़ी सरलता से प्राप्त किया जा सके; प्राप्ति के बाद जिसकी सरलता से रक्षा की जा सके और कालान्तर में भी शत्रु जिसे छीन न सके; ऐसे लाभ को 'आदेय' कहा जाता है।
2. **प्रत्यादेय :** आदेय से ठीक विपारत लाभ को 'प्रत्यादेय' कहते हैं। जो इस

तरह के लाभ को प्राप्त करता है या उसी पर निर्भर रहता है, उसका शीघ्र विनाश हो जाता है।

अगर कोई यह समझे कि 'प्रत्यादेय' लाभ को प्राप्त कर कोष, अन्नभण्डार आदि संरक्षण के साधनों को नष्ट कर सकेगा अथवा खान, द्रव्यवन, सेतुबन्ध और व्यापार या व्यापारिक मार्ग को अपने कब्जे में कर सकेगा या इसी तरह के अनेक लाभ ले सकेगा जिसमें स्थायित्व होगा, तब वह 'प्रत्याय लाभ' भी ले सकता है।

3. **प्रसादक :** जो राजा अधार्मिक पुरुष से धार्मिक पुरुष को प्राप्त हो और जो अपने या पराये लोगों की प्रसन्नता का कारण बने; वह लाभ 'प्रसादक' कहलाता है। हर गुण सम्पन्न लाभ 'प्रसादक' कहलाता है।

4. **प्रकोपक :** प्रसादक लाभ के ठीक विपरीत लाभ को 'प्रकोपक' लाभ कहते हैं। दूसरों के विचार अनुसार कार्य करने पर जो व्यर्थ का क्षय, व्यय होता है, वह भी प्रकोपक है। द्रोहियों को दण्डित करने से भी जो आय हो, वह भी 'प्रकोपक' ही है। हर तरह का ग्राहित और शंकालु आय प्रकोपक है।

5. **ह्रस्वकाल :** अल्प श्रम से अल्प काल में प्राप्त आय 'ह्रस्वकाल' कहलाता है।

6. **तनुक्षय :** जो आय केवल उपजाप आदि से प्राप्त हो उसे 'तनुक्षय' कहते हैं।

7. **अल्पव्यय :** जो लाभ केवल भोजन–भत्ता आदि देकर ही प्राप्त किया जाता है, उसे 'अल्पव्यय' कहते हैं।

8. **महान् :** जो लाभ अत्यधिक मात्रा में तत्काल ही प्राप्त हो वह 'महान्' कहलाता है।

9. **वृद्ध उदय :** जो लाभ भविष्य में अत्यधिक लाभ देनेवाला हो उसे 'वृद्ध उदय' कहते हैं।

10. **कल्प :** जिस लाभ में आगे कोई बाधा उत्पन्न न हो, उसे 'कल्प' कहते हैं।

11. **धर्म्य :** जो लाभ प्रकाशपूर्ण कार्य करके प्राप्त किया जाये, वह 'धर्म्य' कहलाता है।

12. **पुरोग :** जो लाभ मित्रों और सम्बन्धियों से लगातार बिना शर्त प्राप्त होता है, उसे 'पुरोग' कहते हैं।

यदि देने वाले और लेने वाले को समान लाभ हों, तब ऐसे बहुगुण विशिष्ट लाभ को प्राप्त करने की चेष्टा करनी चाहिए। इसमें देश, काल, शक्ति, उपाय, प्रिय, अप्रिय, जय, पराजय, का दोष नहीं होता और उपयोगी, बहुमूल्य, अधिक और अति–उत्तम आदि गुण होते हैं।

लाभ–विघ्न

1. **साध्वस :** लाभ में काम, क्रोध और अप्रगलभ्भता से जो विघ्न उपस्थित

होते हैं, वे 'साध्वस' कहलाते हैं।

2. **ह्री** : लाभ में करूणा और लज्जा से जो विघ्न उपस्थित होते हैं, वे 'ह्री' कहलाते हैं।

3. **अनार्य भाव :** लाभ में विश्वासघात से जो विघ्न उपस्थित होते हैं, वे 'अनार्य भाव' कहलाते हैं।

4. **सानुक्रोशता :** लाभ में अहंकार और दयाभाव से जो विघ्न उपस्थित होते हैं, वे 'सानुक्रोशता' कहलाते हैं।

5. **परलोकापेक्षा :** लाभ में परलोक भय से जो विघ्न उपस्थित होते हैं, वे 'परलोकापेक्षा' कहलाते हैं।

6. **अत्य-अशिवत्य :** लाभ में दम्भभाव और अन्याय से जो अधिक लाभ प्राप्त किया जाता है, उससे जो विघ्न उपस्थित होते हैं, वे 'अत्य–अशिवत्य' कहलाते हैं।

7. **हस्तगत अवमान :** दीनता, असूया, हाथ में आयी चीज की अवमानना से जो विघ्न उपस्थित होते हैं, वे 'हस्तगत अवमान' कहलाते हैं।

8. **दौरात्मिक :** दुर्व्यवहार से लाभ में जो विघ्न उपस्थित होते हैं, वे 'दौरात्मिक' कहलाते हैं।

9. **अतिकार :** अविश्वास, भय या शत्रु के तिरस्कार न करने से जो विघ्न उपस्थित होते हैं, वे 'अतिकार' कहलाते है।

सरदी, गरमी और वर्षा आदि को सहन न करने से भी लाभ में विघ्न आते हैं। कार्य के आरम्भ में नक्षत्र, तिथि, मुहूर्त आदि न देखने से भी विघ्न आते हैं।

किन्तु चाणक्य का कहना है कि अगर किसी कार्य की सिद्धि के लिए पर्याप्त धन, आवश्यक साधन और इच्छा शक्ति है, तब नक्षत्र आदि देखने न देखने से कोई फर्क नहीं पड़ता :

नक्षत्रं अति पृछन्तं बलं अर्थं अति-वर्तते।
अर्थों ह्यअर्थस्य नक्षत्रं किं करिष्यन्ति तारकाः।

धन और आवश्यक साधनों से रहित व्यक्ति सैकड़ों यत्न करने पर भी अपने अभीष्ट फल को प्राप्त नहीं कर सकता। अर्थों का अर्थ के साथ सम्बन्ध होता है; धन से ही धन का प्रबन्ध किया जाता है, जैसे एक हाथी के द्वारा दूसरे हाथी को वश में किया जाता है। यह प्रचारित अवश्य किया जाता है कि *'मनी बिगेट्स मनी'* पश्चिम की उक्ति है, किन्तु यह चाणक्य की उक्ति है। निम्नलिखित श्लोक देखें :

न अधना प्राप्नुवन्त्य अर्थान् नरा यत्न शतैः अपि।
अर्थैः अर्थः प्रबध्यन्ते गजाः प्रति गजैः इव।

बाह्य और आन्तरिक विपत्तियाँ

बाह्य और आन्तरिक विपत्तियाँ चार तरह से पैदा होती हैं।

1. बाहरी लोगों द्वारा उत्पन्न और अपने लोगों द्वारा हवा दी गयीं विपत्तियाँ।
2. भीतर के लोगों द्वारा उत्पन्न तथा बाहर के लोगों द्वारा प्रोत्साहित या हवा दी गयीं विपत्तियाँ।
3. बाहरी लोगों द्वारा उत्पन्न और बाहरी लोगों द्वारा हवा दी गयीं विपत्तियाँ।
4. भीतर के लोगों द्वारा उत्पन्न तथा भीतर के लोगों द्वारा प्रोत्साहित या हवा दी गयीं विपत्तियाँ।

द्रोहियों और शत्रुओं द्वारा उत्पन्न विपत्तियाँ दो तरह की होती हैं : दूष्य शुद्धा और शत्रु शुद्धा।

दूष्य और अदूष्य, दोनों के द्वारा उत्पन्न की गयी आपत्ति को आमिश्र या मिश्रित कहते हैं। शत्रु और मित्र दोनों के द्वारा उत्पन्न आपत्ति को पर मिश्र या शत्रु मिश्र कहते हैं।

बाह्य और आन्तरिक विपत्तियों के प्रकार

1. **आपदर्थ :** जो धन अपनी लापरवाही से गँवाया जाता है और शत्रु की वृद्धि करता है; जो अर्थ अपने हाथ में आ जाने पर भी लौटाया जाता है; जिस अर्थ का क्षय या व्यय हो जाता है, आपदर्थ या आपद अर्थ कहलाता है।
2. **अनर्थ रूप :** स्वयं या दूसरे के कारण प्राप्त हुए धन से जिस भय की उत्पति होती है, उसको अनर्थ रूप आपत्ति कहते हैं।
3. **संशय रूप :** धन को लेकर चार तरह के संशय उठते हैं : यह अर्थ है या नहीं? यह अनर्थ है या नहीं? यह अर्थ है या अनर्थ? यह अनर्थ है या अर्थ? इन्हें संशय रूप आपत्ति कहते हैं।

प्रत्येक अर्थ और अनर्थ का अनुबन्ध के साथ योग करने से तीन भेद और न करने से तीन यानी छः उपभेद होते हैं। इसे अनुबन्ध षड्वर्ग कहते हैं। :

- *अर्थानुबन्ध अर्थ* – शत्रु का उच्छेद कर देना।
- *निरअनुबन्ध अर्थ* – धन लेकर दूसरे की सहायता करना।
- *अर्नथानुबन्ध अर्थ* – शत्रु के सहायक का उच्छेद कर देना।
- *अर्थानुबन्ध अनर्थ* – शत्रु के पड़ोसी की सहायता करना।
- *निरनुबन्ध अनर्थ* – कमजोर शत्रु को मदद करने के लिए कहकर मदद न करना।
- *अनर्थानुबन्ध अनर्थ* – शक्तिशाली शत्रु को मदद करने के लिए कहकर मदद न करना।

4. **समन्ततः अर्थापत् :** एक साथ चारों ओर से धन की उत्पति होने लगे, तब उसे 'समन्ततः अर्थापत्' कहते हैं।
5. **समन्ततः अर्थ संशयापत् :** अगर समन्ततः अर्थापत् का विरोध होने लगे तब 'समन्ततः अर्थ संशयापत्' कहते हैं।
6. **समन्ततः अनर्थापत् :** चारों ओर से शत्रुओं का भय उत्पन्न होना 'समन्ततः अनर्थापत्' कहलाता है।
7. **समन्ततः अनर्थ संशयापत् :** अगर उक्त भय में मित्र विघ्न उत्पन्न करे, तब 'समन्ततः अनर्थ संशयापत्' कहलाता है। इनका प्रतिकार सम्बन्धित व्यक्तियों को अनुकूल बनाकर किया जा सकता है।
8. **उभयतः अर्थापद् :** जब दोनों से अर्थ विषयक आपत्ति प्राप्त हो, तब 'उभयतः अर्थापद्' कहते हैं।
9. **उभयतः अर्थ-अनर्थ-आपद् :** एक ओर से लाभ और दूसरी ओर से हानि को 'उभयतः अर्थ–अनर्थ–आपद्' कहते हैं।
10. **उभयतः अर्थ-अनर्थ संशय आपद् :** एक ओर से अनर्थ का होना और दूसरी ओर से लाभ में संशय का होना 'उभयतः अर्थ–अनर्थ संशय आपद्' कहलाता है।
11. **समन्ततः अर्थ-अनर्थ संशय आपद् :** उभयतः अर्थ–अनर्थ संशय आपद् की तरह ही 'समन्ततः अर्थ–अनर्थ संशय आपद्' होता है।

बाह्य और आन्तरिक विपत्तियों का प्रतिकार

सारी विपत्तियों को एक साथ दूर करना कठिन होता है, इसलिए इनको एक–एक करके ही दूर करने का उपाय करना चाहिए। इसमें धीरज का और बुद्धि का समुचित प्रयोग होना चाहिए। इनके प्रतिकार के लिए तीन त्रिवर्ग को समझना जरूरी है :

क. **अर्थ त्रिवर्ग :** अर्थ, धर्म और काम को 'अर्थ त्रिवर्ग' कहते हैं।

ख. **अनर्थ त्रिवर्ग :** अनर्थ, अधर्म और शोक को 'अनर्थ त्रिवर्ग' कहते हैं।

ग. **संशय त्रिवर्ग :** अर्थ–अनर्थ; धर्म–अधर्म और काम–शोक में संशय का होना 'संशय त्रिवर्ग' कहलाता है।

पुत्र, भाई और बन्धुओं के सम्बन्ध में साम और दान से प्रतिकार करना चाहिए।

जनपदवासियों और प्रमुख व्यक्तियों के विषय में दान और भेद का उपयोग करके प्रतिकार करना चाहिए, जो अधिकतर सफल होता है।

अन्य के सम्बन्ध में भेद और दण्ड का प्रयोग करके प्रतिकार करना चाहिए।

क. इस तरह से प्रतिकार करने को अनुलोम कहा जाता है।

ख. ठीक इसके विपरीत प्रतिकार को प्रतिलोम कहा जाता है।

ग. यही उचित है कि मित्रों और शत्रुओं के सम्बन्ध में मिले–जुले उपायों का प्रयोग करना चाहिए। इसे व्यामिश्र कहा जाता है।

इस तरह से छोटी–बड़ी आपत्तियों के लिए प्रयोग में लाये गये उपाय तीन तरह के हो जाते हैं।

क. **नियोग :** केवल इसी उपाय से कार्य में सिद्धि होगी, दूसरे से नहीं। इसी का नाम 'नियोग' है।

ख. **विकल्प :** इस उपाय से कार्य सिद्धि होगी या दूसरे से। इसी का नाम विकल्प है।

ग. **समुच्चय :** इस उपाय और दूसरे उपाय मिलाकर कार्यसिद्धि होगी। इसी का नाम 'समुच्चय' है। इसमें एक–एक या दो–दो या तीन–तीन अथवा चार–चार मिलाकर समुच्चय कुल पन्द्रह प्रकार के हो जाते हैं। इनके पन्द्रह प्रकार के प्रतिलोम उपाय भी होते हैं। यहाँ केवल अनुलोम उपाय दिये जा रहे हैं :

1. साम, दाम, दण्ड, भेद
2. दाम, दण्ड, भेद
3. साम, दण्ड, भेद
4. साम, दाम, भेद
5. साम, दाम, दण्ड,
6. दण्ड, भेद
7. दाम, दण्ड,
8. साम, दण्ड,
9. दाम, भेद
10. साम, भेद
11. साम, दान,
12. साम,
13. दाम,
14. दण्ड,
15. भेद

इनमें से अगर एक ही कार्य की सिद्धि होती है, तब एक सिद्ध कहते हैं। दो उपायों से सिद्धि होने पर द्विसिद्धि; तीन उपायों से सिद्धि होने पर त्रिसिद्धि और चारों उपाय लगाकर सिद्धि प्राप्त करने पर चतु:सिद्धि कहते हैं।

इन सिद्धियों से प्रतीक स्वरूप होने वाले अनेक लाभों में से धर्म, अर्थ, काम का साधक होने से अर्थ को ही सर्वश्रेष्ठ माना जाता है और इसे ही सर्वार्थ सिद्धि के नाम से जाना जाता है।

अग्नि, जल, व्याधि, महामारी, विप्लव, दुर्भिक्ष और आसुरी सृष्टि दैवी आपत्तियाँ हैं। इन देवी विपत्तियों का प्रतिकार देवता और ब्राह्मण को प्रणाम करके किया जाना चाहिए। अथर्व वेद में वर्णित शान्तिकर्मों के अनुष्ठान से किया जाना चाहिए। साथ ही, सिद्ध, तपस्वी, महात्मा पुरुषों के द्वारा आरम्भ किये गये शान्ति कर्मों द्वारा किया जाना चाहिए।

10

दसवाँ अधिकरण : सांगग्रामिक

सम्पूर्ण दसवाँ अधिकरण युद्ध के इर्द–गिर्द ही रचा गया है। अब ऐसे युद्ध नहीं होते, इसलिए इसकी उपयोगिता नहीं है। किन्तु पाठकों की जानकारी के लिए नीचे अध्याय और उप–अध्याय की सूची दी जा रही है, जिससे उन्हें यह अन्दाजा हो जायेगा कि वस्तुतः इसमें है क्या?

1. छावनी का निर्माण
2. छावनी की माप
3. आक्रमण के समय सेना की रक्षा
4. कूट युद्ध के भेद
5. सेना को प्रोत्साहन
6. दूसरे की सेना का उपयोग
7. युद्ध योग्य भूमि
8. विभिन्न सेना–समूहों के कार्य
9. पक्ष, कक्ष, उरस्थ व्यूह का निर्माण
10. सार बलों का विभाग
11. फल्गु बलों का विभाग
12. चतुरंग सेना का युद्ध
13. प्रकृति व्यूह, विकृति व्यूह और प्रतिव्यूह
14. सर्वतोभद्र व्यूह; काक पक्षी व्यूह, अरिष्ट व्यूह आदि।

11

ग्यारहवाँ अधिकरण : संघवृत्त

ग्सारहवाँ अधिकरण जो संघवृत के नाम से है, कौटिल्य अर्थशास्त्र का केवल सात पृष्ठों का सबसे छोटा अधिकरण है, जिसमें केवल दो अध्याय 160 एवं 161 है। इसमें संघ की श्रेष्ठता बतायी गयी है और यह भी कहा गया है कि अनुकूल होने पर संघ का उपभोग साम और दान के द्वारा करना चाहिए और प्रतिकूल होने पर भेद और दण्ड के द्वारा उपभोग करना चाहिए।

संघ लाभ, सेना लाभ और मित्रलाभ के लिए गुप्तचर का प्रयोग भेदक प्रयोग दिया गया है और उपांशु दण्ड की चर्चा की गयी है। इस मार्ग को अपनाकर कैसे संघ को कमजोर किया जा सकता है, इसकी विस्तार से चर्चा है।

12

बारहवाँ अधिकरण : आबलीयस

बारहवाँ अधिकरण भी छोटा अधिकरण है, जिसमें बलवान राजा के आक्रमण के समय कमजोर राजा का क्या आचरण होना चाहिए और वह किस प्रकार बदले की कार्रवाई कर सकता है, इसका विवरण दिया गया है। इसके अध्याय और उप–अध्याय निम्नलिखित हैं :

1. दूतकर्म
2. मन्त्रयुद्ध
3. सेनापतियों का वध
4. राजमण्डल की सहायता
5. शस्त्र, अग्नि और रसों का गूढ़ प्रयोग, यानी हत्या में प्रयोग
6. वींवध, आसार तथा प्रसार का नाश
7. कपट उपायों द्वारा विजय
8. कपट आक्रमण द्वारा विजयोपलब्धि

13

तेरहवाँ अधिकरण : दुर्ग-लम्भोपाय

तेरहवें अधिकरण में चाणक्य ने प्रजा पर, कर्मचारी पर और सम्बन्धित व्यापारियों पर नियन्त्रण बनाये रखने के लिए; अन्य प्रतिद्वन्द्वियों को अपने वश में कर लेने के लिए कपट मार्ग बताया है; जिसमें कपट से आक्रमण, अपनी झूठी दैवी शक्ति का प्रचार करा देना; स्वप्न के माध्यम से देवदर्शन और देववाणी की बात उड़ा देना आदि सम्मिलित है।

जो बातें चाणक्य ने किसी राज्य को हड़पने की की है और उसका छलपूर्ण, कपटभरा तरीका बताया है; उन्हीं मार्गों को अपना कर दूसरे के संगठनों पर भी कब्जा किया जा सकता है। गलत उपायों से किसी भी व्यावसायिक संगठन का अधिग्रहण; टेक ओवर; किया जा सकता है। किन्तु इतिहास साक्षी है और सन्तो की, ऋषियों की वाणी है और अनन्तसाक्ष्य है कि ऐसे उपाय न अपनाये जाएँ। इसका क्षणिक लाभ और क्षणिक सुख होता है, मगर ऐसा आचरण करने वाले का वंश नाश हो जाता है। यह भी एक कारण है कि विस्तार से इसकी चर्चा नहीं की जा रही है।

अपनी विलासिता या अपना प्रभाव जमाने या जताने के लिए अपने वंश को नहीं डुबोया जा सकता, चाहे तात्कालिक लाभ जो भी हो।

चाणक्य ने ऐसे कपट मार्गों पर उतना ही चिन्तन किया है, जितना नीतिमार्गों पर। नीतिमार्गों की चर्चा में चाणक्य ने यह स्पष्ट भी किया है कि कर्म, सत्कर्म और दुष्कर्म के अन्तिम परिणाम भिन्न-भिन्न होता हैं। इसलिए व्यक्तिगत जीवन में चाणक्य-सी पवित्रता बरतने वाला मध्यकाल में कोई चर्चा में भी नहीं आता है। धन को तो उसने कभी महत्त्व ही नहीं दिया; लोलुपता को पास फटकने नहीं दिया और विलासिता की तरफ ताका ही नहीं। इसीलिए वह इतना कुछ कर सका और अमरत्व पा सका: *कीर्तिः यस्य स जीवति।*

इस अधिकरण के अध्याय और उप-अध्याय व शीर्षक निम्नलिखित हैं :

1. उपजाप; बहकाना

2. कपट द्वारा राजा को लुभाना
3. गुप्तचरों का निवास और कार्य
4. शत्रु के दुर्ग को घेरना
5. शत्रु पर अधिकार करना
6. वामन; विष प्रयोग
7. पर्युपासन; घेरा डालना
8. अवमर्द; विध्वंस
9. लब्ध–प्रशमनम्

लब्ध – प्रशमनम्

विजित देश में शान्ति स्थापना
संगठन या व्यावसायिक संस्था का अधिग्रहण

आक्रमण या अधिग्रहण के लाभ या प्राप्ति

जब अधिग्रहण होता है, तब केवल संस्था पर कब्जा ही नहीं होता, संस्था के दायित्व और कर्म भी साथ मिलते हैं और सर्वाधिक महत्त्व की बात यह कि उसके सारे कर्मचारी भी साथ ही मिलते हैं। अगर राज्य का अधिग्रहण है, तब प्रजा भी मिलती है। इन व्यक्तियों की आशाएँ, आकांक्षाएँ और शंकायें भी प्राप्त होती हैं। इसलिए अधिग्रहण करने वाले और प्रशासक को चाहिए कि :

अधिग्रहण करने के साथ ही अपने गुणों से अपदस्थ मालिक के दोषों को ढक दे और उसके गुणों को अपने दुगुने गुणों से पराभूत कर दे।

उसे सदा धर्म, कर्म, अनुग्रह, परिहार, माफी, करमाफी, दान, सम्मान आदि से सबको अपने वश में करे।

अपने सहायकों को सदा अपने पक्ष में रखे। जिसने अधिग्रहण में अधिक सहायता की हो, उसको उसके अनुरूप ही धन और सम्मान दे।

सबका विश्वास पाने योग्य ही शील, वेष, भाषा और आचरण दिखाये।

ऐसे अधिग्रहण में तीन तरह के लाभ मिलते हैं :

1. **नव्य लाभ :** जो भी नया लाभ प्राप्त हुआ है, उसकी रक्षा और उसे बढ़ाने की दिशा में ठोस कदम उठाये जाने चाहिए।

2. **भूतपूर्व लाभ :** भूतपूर्व लाभ यह माना जाता है कि उसी व्यक्ति ने कभी उस संस्था को गवाँ दिया था। पुनः सामर्थ्यवान होकर उसे प्राप्त कर लिया है।

3. **पित्र्य लाभ :** पिता या पितामह के कारण वह राज्य या संस्था किसी और की हो गयी थी, उसे अगर पुनः प्राप्त किया जाता है, तब पित्र्य लाभ कहलाता है।

नये प्रशासक को चाहिए कि उसके नये कार्य–क्षेत्र या प्रशासन–क्षेत्र में जो धर्मयुक्त आचार आदि प्रचलन में नहीं थे, वे प्रचलन में आ जाएँ। धर्म में निरत लोगों को प्रोत्साहन दे। अधर्मयुक्त आचरण को पनपने ही न दे और अगर ऐसे लोग वहाँ हों, तब उन्हें बल, छल, बुद्धि से रोक दे :

चरित्रं अकृतं धर्म्यं च अन्यैः प्रवर्तयेत्।
प्रवर्तयंन्न च अधर्म्यं कृतं च अन्यैः निवर्तयेत्।

14

चौदहवाँ अधिकरण : औपनिषदिक

सम्पूर्ण चौदहवाँ अधिकरण और उसके सभी प्रकरण पर घात प्रयोग और स्वरक्षा से सम्बन्धित है। इसमें चाणक्य का विष–सम्बन्ध गहरा ज्ञान उभरकर सामने आया है। आज के लोगों ने तो ऐसे और इतने विष के सम्बन्ध में कल्पना भी नहीं की होंगी। प्राचीनकाल के लोगों को भी विष की ऐसी जानकारी नहीं रही होगी, जैसी चाणक्य में दिखायी पड़ती है। अब तो वे जड़ी–बूटियाँ भी देखने में नहीं आती, जिनकी चर्चा इसमें है। केवल विष ही नहीं, ऐसी जड़ियाँ भी बतायी गयीं हैं, जिनका एक बार सेवन करने से पन्द्रह दिनों तक या एक माह तक भूख नहीं लगती।

एक तरफ चाणक्य हथकड़ी और जंजीर को मजबूत बनाने के लिए उपाय बताते हैं तब दूसरी ओर ऐसे विष की चर्चा करते है कि लौंह–श्रृंखला भी काटी जा सके। वह अति आश्चर्यजनक व्यक्ति थे।

इस अधिकरण के शीर्षक और उपशीर्षक निम्नलिखित हैं :

1. शत्रु–वध का प्रयोग
2. प्रलम्भन योग; चेहरे का रंग बदलना
3. औषधि और मन्त्र का प्रयोग
4. घातक प्रयोगों का प्रतिकार और बचाव

चाणक्य की राय मानें, तब जिन विषों और औषधियों का इसमें वर्णन है, उनके द्वारा प्रशासक अपनी और अपने लोगों, कर्मचारियों को सुरक्षित रखे। साथ ही विषैले धुएँ और विषाक्त पानी का प्रयोग सदा शत्रुओं पर करता रहे :

एतैः कृत्वा प्रतिकारं स्व सैन्यानां आत्मनः।
अमित्रंशु प्रयन्जीत विष धूमं अम्बु देषणम्।

15

पन्द्रहवाँ अधिकरण : तन्त्रयुक्ति

पन्द्रहवें अधिकरण में बस एक अध्याय है; 180 वाँ अध्याय। इसमें अर्थशास्त्र की युक्तियों का वर्णन तो है ही, साथ ही दो घोषणाएँ भी है। पहली घोषणा यह कि जिसने नन्दवंश से धरती को मुक्त कराया, उसी विष्णुगुप्त यानी चाणक्य ने इस शास्त्र की रचना की है। यहाँ ध्यान देने की बात यह है कि चाणक्य यह नहीं कहते कि उन्होंने नन्दवंश का विनाश किया, बल्कि यह कहता है कि नन्द से उसने धरती को मुक्त कराया। यही सही लगता है, क्योंकि नन्दवंश की सारी बुराइयाँ और अत्याचार तबके सामन्तों और जन समुदाय में भर गये थे। इसीलिए उन्होंने एक जगह कहा कि *यथा राजा तथा प्रजा*।

येन शास्तं च शस्त्रु च नन्दराजगता च भूः।
अमर्षेण उद्धृता अन्याशु तेन शास्त्रं इदं कृतम्।

दूसरी घोषणा है कि चूँकि अन्य विद्वान्ों में अर्थशास्त्र के प्रति मतभेद है, इसीलिए चाणक्य ने इन सूत्रों और इनके भाष्य को लिखा :

दृष्टवा वि प्रतिपतं बहुधा शास्त्रेषु भाष्यकाराणाम्।
स्वयं एव विष्णुगुप्तः चकार सूत्रं च भाष्यं च।

साथ ही, एक तीसरी घोषणा भी है कि यही अर्थशास्त्र धर्म, अर्थ और काम में प्रवृत्त करता है; उनकी रक्षा करता है और अर्थ के विरोधी अर्थों को नष्ट करता है :

धर्मं अर्थं च कामं च प्रवर्तयति परति च।
अधर्म अनर्थ विद्वेषानिदं शास्त्रं निहन्ति च।

अर्थशास्त्र की युक्तियाँ

मनुष्य की जीविका को 'अर्थ' कहते हैं। मनुष्यों से युक्त भूमि को भी 'अर्थ' कहते हैं। इस प्रकार की भूमि को प्राप्त करने और और उसकी रक्षा करने वाले उपायों का निरूपण करने वाले शास्त्र को अर्थशास्त्र कहते हैं :

मनुष्याणां वृत्तिः अर्थः; मनुष्यवती भूमिः इति अर्थः।
तस्या पृथिव्या लाभ पालन उपायः शास्त्रं अर्थ शास्त्रं इति।

अर्थशास्त्र में निम्नलिखित बत्तीस प्रकार की युक्तियाँ हैं। लेखकों से निवेदन है कि वे गहराई से इन युक्तियों को जानें, समझें और अपने लेखन में उपयोग करें।

1. **अधिकरण :** अधिकारपूर्वक कहे गये अर्थ का नाम अधिकरण है।
2. **विधान :** प्रकरण के अनुसार शास्त्र की आनुपूर्वी का कथन करना 'विधान' कहलाता है।
3. **योग :** वाक्य–योजना को 'योग' कहते हैं।
4. **पदार्थ :** केवल पद के अर्थ को 'पदार्थ' कहते हैं।
5. **हेत्वर्थ :** अर्थ को सिद्ध करने वाले हेतु 'हेत्वर्थ' कहलाता है।
6. **उद्देश्य :** संक्षिप्त वाक्य का कथन 'उद्देश्य' कहलाता है।
7. **निर्देश :** विस्तृत वाक्य का कथन करना 'निर्देश' कहलाता न है।
8. **उपदेश :** 'ऐसा या इस प्रकार का ही आचरण करना चाहिए, जैसा कथन 'उपदेश' कहजाता है।
9. **अपदेश :** 'अमुक व्यक्ति ने इस विषय पर ऐसा कहा है'। इस प्रकार का कथन उद्धृत करना 'अपदेश' कहलाता है।
10. **अतिदेश :** कही हुई बात से किसी न कही हुई बात को सिद्ध कर देना 'अतिदेश' कहलाता है।
11. **प्रदेश :** आगे कही जाने वाली बात से न कही गयी बात को सिद्ध कर देना 'प्रदेश' कहलाता है।
12. **उपमान :** देखी हुई वस्तु से न देखे गयी वस्तु को सिद्ध कर देना 'उपमान' कहलाता है।
13. **अर्थापति :** न कही हुई बात जो केवल अर्थ से ही प्राप्त हो उसे 'अर्थापति' कहते हैं।
14. **संशय :** एक ही बात जब दोनों विरोधी पक्ष की ओर से असमान लगे तब उसे 'संशय' कहते हैं।
15. **प्रसंग :** दूसरे प्रकरण के साथ अर्थ की समानता दिखा देना 'प्रसंग' कहलाता है।
16. **विपर्यय :** विपरीत बातों से किसी वस्तु का निर्देश करना 'विपर्यय' कहलाता है।
17. **वाक्य शेष :** जिससे वाक्य की समसप्ति हो जाये, उसे 'वाक्य शेष' कहते हैं।
18. **अनुमत :** प्रतिषेध न किया हुआ दूसरे का वाक्य 'अनुमत' कहलाता है।
19. **व्याख्यान :** सिद्ध किये हुए अर्थ को अनेक युक्तियों से सिद्ध करना 'व्याख्यान' कहलाता है।
20. **निर्वचन :** अर्थ एवं अन्वयपूर्वक किसी शब्द की सिद्धि करना 'निर्वचन' कहलाता है।

21. **निदर्शन :** दृष्टान्त देकर किसी बात का स्पष्टीकरण करना 'निदर्शन' कहलाता है।

22. **अपवर्ग :** किसी नियम का सामान्यतया व्यापक निरूपण करते हुए उसके विषय को संकुचित कर देना 'अपवर्ग' कहलाता है।

23. **स्वसंज्ञा :** दूसरों के द्वारा संकेत न किये गये शब्द के प्रयोग को 'स्वसंज्ञा' कहते हैं।

24. **पूर्वपक्ष :** प्रतिषेध किया जाने वाला वाक्य 'पूर्वपक्ष' कहलाता है।

25. **उत्तरपक्ष :** पूर्वपक्ष का निषेध करने वाला वाक्य 'उत्तरपक्ष' कहलाता है।

26. **एकान्त :** जो अर्थ किसी भी देश या काल में न छोड़ा जा सके उसे 'एकान्त' कहते हैं।

27. **अनागत अवेक्षण :** बाद में इसके लिए विधान किया जायेगा; ऐसा कहना 'अनागत अवेक्षण' कहा जाता है।

28. **अतिक्रान्त अवेक्षण :** इसका निरूपण पहले हो चुका है; ऐसा कहना 'अतिक्रान्त अवेक्षण' कहा जाता है।

29. **नियोग :** अमुक कार्य इस तरह करना चाहिए अन्यथा नहीं करना चाहिए; ऐसा कहना 'नियोग' कहलाता है।

30. **विकल्प :** अमुक काम उस तरह से किया जाना चाहिए अथवा इस तरह से; ऐसा कहना 'विकल्प' कहलाता है।

31. **समुच्चय :** अमुक कार्य इस तरह भी हो सकता है और उस तरह भी हो सकता है; ऐसा कहना 'समुच्चय' कहा जाता है।

32. **ऊह्य :** न कही हुई बात को कर लेना 'ऊह्य' कहा जाता है।

बात केवल अर्थशास्त्र की नहीं है। इसे सम्पूर्ण लेखन और प्रवचन अथवा व्याख्यान के सन्दर्भ में समझा जाना चाहिए। सभी तरह की चीजें लिखनेवाले लोगों को चाहिए कि केवल इसे पढ़े और गुने ही नहीं बल्कि इसे समझकर ऐसा अभ्यास करें और तब लेखन या व्याख्यान की ओर प्रवृत्त हों, तभी उनका लेखन स्तरीय और उत्तरदायित्वपूर्ण हो सकेगा वरना आधुनिक लेखन का उदाहरण बना उनका लेखन बिखरा हुआ रहेगा; भाषा टूटी हुई और खिंचड़ी होगी; भाव बिखरे हुए और क्रमहीन होंगे। न विचारों में तारतम्यता होगी, न एक जगह केवल एक ही विषय की चर्चा। आधुनिक लेखक एक ही विचार–बिन्दु पर देर तक, गहराई से और पूर्णरूप से न विचार कर पाता है और न पुस्तक में दे ही पाता है। इसके दो मुख्य कारण हैं, बिना सब कुछ पढ़े, जाने ही; बिना अनुभव प्राप्त किये या विचार–बिन्दु सहेजे और बिना परीक्षण किये ही किसी विषय पर लिखना आरम्भ कर देना। इन गलतियों से चाणक्य का यह विश्लेषण बचा सकता है।

अन्त में....

हम आशा करते हैं कि प्रस्तुत पुस्तक में आपकी संपूर्ण जिज्ञासाओं का समाधान मिल गया होगा। चाणक्य संबंधी अपनी अन्य जिज्ञासाओं के समाधान के लिए आप हमारे यहाँ से प्रकाशित कोई दूसरी पुस्तक लेकर अपने ज्ञान में वृद्धि कर सकते हैं।

आत्म-विकास/व्यक्तित्व विकास

Also Available in Hindi

Also Available in Hindi

Also Available in Kannada, Tamil

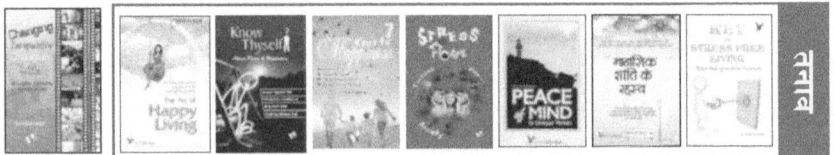

Also Available in Kannada

Also Available in Kannada

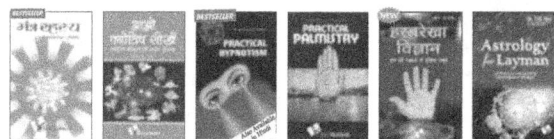

www.ingramcontent.com/pod-product-compliance
Lightning Source LLC
LaVergne TN
LVHW021619080426
835510LV00019B/2651